BASTEI
LÜBBE

Pandit Shri S. Nehru

Mahatma Gandhi

BASTEI
LÜBBE

BASTEI-LÜBBE-TASCHENBUCH
Band 61 083

1. + 2. Auflage Febr. 1983
3. Auflage Mai 1983
4. Auflage Nov. 1985

Übersetzt von Dr. Adolf Krüper

Lizenzausgabe: Gustav Lübbe Verlag GmbH,
Bergisch Gladbach
Printed in Western Germany 1985
Einbandgestaltung: Grafik-Design A. Mair
Titelbild: dpa
Buchabbildungen: Ullstein
Satz: palmer satz, Bergisch Gladbach
Herstellung: Ebner Ulm
ISBN 3-404-61083-0

Der Preis dieses Bandes versteht sich einschließlich
der gesetzlichen Mehrwertsteuer

Einleitung

Mahatma Gandhi ist zu einem Weltideal geworden, es gibt aber kein einziges Werk, worin einerseits seine Persönlichkeit und Menschlichkeit, andererseits seine großartige Weltanschauung sich widerspiegeln könnten.

Das hier gezeichnete Bild Gandhis ist seinen eigenen Äußerungen, Aufsätzen und Schriften entnommen. Die Welt kennt es bisher nur sehr unvollkommen; es ist aber gerade jetzt der richtige Augenblick, da sie, des Scheinfriedens müde, sich nach dem wahren Frieden sehnt, ihr den wirklichen Gandhi zu zeigen.

Das haben der Verfasser und seine Frau Pandita Raj Dulari Nehru auf einer mehrmonatlichen Reise durch Amerika und Europa mit Erstaunen und Freude festgestellt. Viele Jahre nach Beendigung des Krieges ist der wahre Frieden auf Erden noch nicht eingekehrt. Aber überall war es ihnen vergönnt, den wahren Frieden im Sinne Gandhis zu vertreten und zu bemerken, wie die geistige Begegnung mit ihm bei allen Völkern und in allen Schichten Interesse und Sympathie weckte. „Unser Kampf hat die Freundschaft mit der ganzen Welt zum Ziel. Die Gewaltlosigkeit ist unter den Menschen erschienen und wird ihnen bleiben als Verkünderin des Weltfriedens." Mit diesem Bekenntnis tritt Gandhi in Würde und Erhabenheit vor die Welt; von seinem erhabenen Wesen zu sprechen, heißt selbst ein Fünkchen Himmelslicht erblicken.

Pandit Shri Shridhara Nehru.

I

Gandhis Leben

Gandhi als junger Rechtsanwalt in Südafrika.

Die Darstellung von Gandhis Leben kann sich in vielem an seine Autobiographie „My Experiments with Truth" („Die Geschichte meiner Experimente mit der Wahrheit")*) anlehnen. Ungemein kennzeichnend für ihn ist das Bekenntnis, das er 1925 bei der Ablieferung des Manuskriptes seinem Verleger gegenüber abgelegt hat. „Es ist mir eine unaufhörliche Qual, daß ich so weit von meinem Schöpfer entfernt stehe, der, wie mir wohl bekannt, jeden Atemzug meines Lebens beherrscht, und dessen Kind ich bin. Ich weiß, daß böse Leidenschaften mich von ihm trennen, und wie schwer es ist, sich ihrer zu entledigen."

Gandhi wurde am 2. Oktober 1869 in Porbandar, der „weißen Stadt" am Golf von Oman, geboren. Die Gandhis gehörten zur Kaste der Vaish, der Geschäftsleute. Sie hatten sich als Gemüsehändler betätigt, der Großvater Ota aber war schon Beamter geworden und zum Minister in den Kathiawad-Staaten aufgestiegen. Von ihm wird berichtet, daß er den Nabob von Sunagadh mit der linken Hand grüßte, weil er die rechte schon seinem Fürsten verpfändet hatte. Aus seiner

*) Verlag Hinder & Deelmann, Gladenbach, 1977

zweiten Ehe ging Kaba, der Vater unseres Gandhi, hervor. Er wird als treu, tapfer und großmütig geschildert. Auch er stand als Minister im Kathiawad-Staatsdienst und zeichnete sich durch besondere Tüchtigkeit und strenge Unparteilichkeit innerhalb wie außerhalb des Familienkreises aus. Der politische Agent Englands am Fürstenhofe ließ ihn einmal verhaften und ins Gefängnis bringen, weil er sich weigerte, seinen Assistenten, den er angeblich beleidigt hatte, um Verzeihung zu bitten. An Hab und Gut besaß er kaum etwas. Der einzige Reichtum, über den er verfügte, war ein solcher des Herzens und der Lebenserfahrung. Und davon hat er seinem Sohn, der ihm in vierter Ehe geboren wurde, eine reichliche Erbschaft hinterlassen.

Die Mutter Tulsibai war streng religiös, dazu klug und gebildet. Beten, Fasten und regelmäßiger Tempelbesuch gehörten für sie und ihre Kinder zu den üblichen Disziplinen. Und auch sie vermachte ihrem Sohn neben einer tiefen Frömmigkeit viel praktische Lebensweisheit, die ihm einst mannigfach zugute kommen wird.

Den ersten Unterricht erhielt der junge Mohandas Karamchand Gandhi in der allgemeinen Schule seiner Vaterstadt und später in Rajkot, wohin seine Eltern übersiedelten. Die Schule scheint keinen starken Eindruck auf ihn gemacht zu haben. Nach seinem eigenen Geständnis bereitete ihm das Lernen zunächst mancherlei Schwierigkeiten. Das Einmaleins wollte nicht in den kleinen Kopf hinein. Gandhi meinte wohl scherzhaft, dies könne sich daraus erklären, daß er minderbegabt gewesen sei. Auch in Rajkot war er nur ein Durchschnittsschüler, der neben den Schulbüchern kaum etwas anderes lesen wollte. Aber er erwähnt besonders ein Buch, das ihm der Vater kaufte und das ihn tief beeindruckte, Shravana Patrabhakti Nataka (Shravanas Liebe zu den Eltern), in dem erzählt wird, wie der junge Shrava die blinden Eltern während der Pilgerfahrt auf den Schultern trägt. Und auch von dem Drama Harischchandra („Treu bis zum Tode“) fühlt er sich aufs stärkste angezogen.

Im frühen Alter von dreizehn Jahren ging dann der Knabe die Ehe mit der noch jüngeren Kasturba, der Tochter des Gokaldas Makhandas, ein. Und um das Geschäft recht rentabel zu machen, ließ man einen Bruder und einen Vetter Gandhis, kaum älter als er selbst, gleichzeitig in den Ehestand treten.

Über die Kinderehe, die damals in Indien noch üblich war, äußert sich Gandhi in seiner Selbstbiographie mit den Worten: „Mir ist traurig zumute, dieses Kapitel schreiben zu müssen. Ich wünsche meinen Enkeln und Enkelinnen, daß es ihnen beschieden sein möge, nicht als Kinder verheiratet zu werden.“ Er hat klar erkannt, daß die Kinderehen eine schwere Gefahr für das Volk sowohl in physischer wie in moralischer Hinsicht bedeuten und die Frau daran hindert, die ihr zukommende Stellung im Volksleben einzunehmen. Schonungslos hat er all die Übel- und Schattenseiten der Kinderehe gekennzeichnet. Auch bei seiner Ehe handelte es sich ja nicht um eine Liebesangelegenheit, da die Kinder sich kaum kennengelernt, ja kaum gesehen hatten, sondern um eine von den Eltern ausgemachte Geldsache.

Der junge Ehemann besuchte nun das Samaldas-College in Bhavnagar, ohne daß diese Anstalt für sein späteres Leben und Wirken eine besondere Bedeutung gehabt hätte. Aber neben der eigentlichen Schule treibt er ein wenig Sanskrit. Er macht es sich jedenfalls soweit zu eigen, daß er später die Gita*) verstehen und kommentieren konnte, so wie früher Shakespeare mit seinem „Little latin and less Greek" die klassische Literatur zu erfassen vermochte. Was die Gita-Lehre für ihn und seine ganze Weltauffassung bedeuten sollte, wird an anderer Stelle genauer gezeigt werden.

In seiner Autobiographie hat Gandhi manche Erlebnisse seiner Jugendzeit mit großer Offenheit und Anschaulichkeit geschildert. Wir erfahren dort, wie er zu seiner Gita-Disziplin gekommen ist. Kennzeichnend für ihn ist der folgende Vorfall: Mit fünfzehn Jahren hat er sich, wie er meint, unrechtmäßig in den Besitz einer kleinen Geldsumme gebracht. Es packte ihn bald darauf eine derartige Reue, daß er dem bettlägerigen Vater ein schriftliches Geständnis überreichte und ihn um eine strenge Strafe bat. Als der Vater das Schreiben durchliest, perlen ihm Tränen aus den Augen und auch der Junge kann sich des Weinens nicht enthalten. „Jene Perlen der Liebe haben

*) Die Bhagavad-Gita „Der Gesang des Herrn" ist ein theosophisches Lehrgedicht, das zu den überlieferten heiligen Texten Indiens gehört.

mir das Herz geläutert und erleichtert und die Sünde abgewaschen. Das wurde mir zu einer Ahimsa-Prüfung *). Damals erblickte ich darin nichts als väterliche Liebe."

Der Vater starb im 63. Lebensjahr. Sein Sohn hatte es übernommen, ihm während des Krankenlagers täglich abends die welken Glieder zu massieren. Am letzten Abend meinte der Vater, es ginge ihm besser, und der Sohn entfernte sich, um sich zu seiner jungen Frau zu begeben, die gleichfalls seine Hilfe brauchte. Da kommt der Diener gelaufen und meldet, im Befinden des Hausherrn sei eine Verschlimmerung eingetreten. Gandhi stürzt hinauf, findet aber den Vater tot in des Onkels Armen. Dieser Augenblick seines Lebens belastet den überempfindlichen Sohn, wie er selbst es ausdrückt, mit einer Doppelschmach: daß der Vater nicht in seinen, sondern in des Onkels Armen seinen Geist ausgehaucht, und daß der Sohn im entscheidenden Augenblicke nicht an der Seite des Vaters, sondern an der seines jungen Weibes war. Die Erinnerung an dieses Erlebnis ist in ihm nie wieder erloschen und hat sicherlich eine Rolle gespielt, wenn Gandhi später für den Mann die ideale Forderung des Zölibats erhebt. Die arme Kasturba, die in jenen Tagen ihr erstes Kind gebar, das nur ein Alter von wenigen Wochen erreichen sollte, mußte sich damit abfinden.

Am 5. September 1887 schiffte sich Gandhi in Bom-

*) Ahimsa-Prüfung bedeutet wörtlich „nichts Böses zufügen, auf Gewalt verzichten".

bay nach England ein, um dort seine Studien zu vertiefen und zu vollenden. Die Mutter gab ihm ihren Segen, nachdem er geschworen hatte, sich in der Fremde des Weines, des Fleisches und des Umgangs mit Frauen zu enthalten. Die Kaste aber sandte ihm durch ihr Oberhaupt ihren Fluch nach. Dieser lautete: Der treulose Jüngling ist aus seiner Kaste verstoßen. Wer ihm Hilfe leistet oder auch nur bis zum Schiff begleitet, hat eine Geldbuße von 1,25 Rupien zu zahlen! Dieser Vorfall dürfte Gandhis Abneigung gegenüber dem Kastenwesen erheblich verschärft haben. Wenn die Kaste so rücksichtslos gegen ihn, den Sohn des Ministers, auftrat, was hatten dann die armen Parias, die Unberührbaren, erst zu erwarten! Damit beginnt sein ununterbrochener Kampf gegen die Kastomanie und für uneingeschränkte menschliche Rechte der Parias.

Doch zunächst steht der junge Gandhi jetzt ganz unter dem Eindruck all des Neuen, das England ihm bietet. Er verhält sich durchaus nicht abweisend, sondern stürzt sich voller Eifer und Erlebnisdrang in das neue, bunte Leben. Bei seinem ersten gesellschaftlichen Auftreten im vornehmen London setzt er durch seine übermäßig elegante Kleidung seine indischen Gastgeber in peinliches Erstaunen. Bald ist er auch im Besitz von Anzügen nach der letzten englischen Mode und stellt täglich vor dem Spiegel fest, wie gut ihm alles steht, nicht zuletzt der seidene Zylinder. Er möchte ganz als „gentleman" gelten: alles, was seiner Meinung nach dazu gehört, will er lernen und können: Tanzen, Musik, fremde Sprachen, die Kunst der Rede und vieles andere.

Er merkt aber bald, daß ihm für ein solches Leben nur recht bescheidene Geldmittel zur Verfügung stehen und daß er sich einrichten muß. So zieht er aus der vornehmen, kostspieligen Pension in möblierte Zimmer, die er für wenig Geld mietet. Für das Essen, das selbstverständlich streng vegetarisch sein muß, braucht er nicht viel aufzuwenden. Meist begnügt er sich mit dem Lieblingsgericht der Schotten „ces farouches montagnards", wie Maria Stuart sie nannte, dem Porridge. Nur zu den Hauptmahlzeiten geht er ins vegetarische Restaurant. Dem neu erwachten Reformeifer in der menschlichen Ernährung bringt er lebhaftes Interesse entgegen. Er schließt sich einer vegetarischen Gesellschaft an, in der er bald eine leitende Stelle einnimmt.

Doch schon bald melden sich bei ihm die ersten Gewissensbisse wegen seines ungebundenen Lebens. Eine liebenswürdige alte Dame, die sich seiner angenommen hat und ihm bei seinen ersten französischen Sprachstudien behilflich gewesen ist, lädt ihn regelmäßig zum Essen am Sonntag ein. Er geht gern hin und findet besondere Freude an der Unterhaltung mit einem jungen Mädchen: Aber plötzlich sagt ihm sein Gewissen: „Du darfst solche Gesellschaften nicht pflegen, denn du hast eine Frau zu Hause, der du innerlich verpflichtet bist." So schreibt er an die englische Gastgeberin: „Ich hätte Ihnen gleich sagen sollen, daß ich trotz meines jugendlichen Alters verheiratet und sogar Vater eines Kindes bin. Unter diesen Umständen überlasse ich Ihnen die Beantwortung der Frage, ob ich noch weiterhin zu Ihnen kommen und Ihre Gastfreundschaft genießen darf." Die alte Freundin ermutigt ihn zwar zu weiterem Kommen, aber der Gewissenskonflikt ist von nun an in ihm. Immer neue geldliche Einschränkungen muß er sich auferlegen. Der junge Mann, in Indien Angehöriger der Geschäftsleutekaste und als wohlhabend anzusehen, muß in England mit jedem Pfennig rechnen, die Zimmermiete immer wieder herabdrücken, schließlich sogar auf das Fahren im Omnibus verzichten und täglich bis zu 20 km zu Fuß laufen.

Am 10. Juni 1891 wurde er nach Ablegung der vorgeschriebenen Prüfungen „barrister-atlaw" (Rechtsanwalt), und mit dem Diplom in der Tasche trat er am 12. Juni die Heimreise nach Bombay an. Hier erhielt er bei der Ankunft die traurige Nachricht, daß inzwischen auch die geliebte Mutter gestorben war. Und bald folgt ein Schicksalsschlag dem anderen. Der Bruder, der am Rajkoter Fürstenhof tätig war, ist auf Abwege geraten. Ihm zuliebe will er, wenn auch wiederstrebend, den englischen Regierungsvertreter am Fürstenhof in dieser sehr peinlichen Angelegenheit sprechen. Er macht sich auf die Reise, tritt vor den hohen englischen Beamten und wird kurz und bündig hinausgeworfen. So muß er am eigenen Leibe erfahren, was ein Inder von bestem Herkommen im eigenen Land wert ist.

Dieses Erlebnis sowie sein erstes, wenig glückliches

Auftreten als Rechtsanwalt in Bombay verleideten ihm den Aufenthalt in Indien. So kam es, daß er das Angebot, für ein Jahr als Anwalt der in Südafrika lebenden Inder tätig zu sein, annahm. 1893 tritt er die Reise dahin an. Er ahnte nicht, mit wieviel Demütigungen und Schwierigkeiten jeder Art die Tätigkeit in Afrika für ihn verbunden sein sollte. Eines der hierhin gehörigen Erlebnisse, die er in seiner Autobiographie eingehend geschildert hat, sei hier wiedergegeben. „Auf der Reise nach Pretoria, der Hauptstadt Transvaals, hatte ich einen Platz in der ersten Klasse belegt. Als der Zug abends in Maritzburg ankam, bestieg ein Reisender das Abteil, musterte mich vom Scheitel bis zur Sohle, stieg wieder aus und kehrte bald darauf mit ein paar Beamten zurück, die mich aufforderten, als Farbiger das Abteil zu verlassen und mir einen Platz in der dritten Klasse zu suchen. Mein entrüsteter Hinweis darauf, daß ich eine Fahrkarte erster Klasse besäße, wurde mit der barschen Drohung erwidert, man würde die Polizei herbeirufen, wenn ich nicht gutwillig den Platz räumte. Da ich ruhig sitzen blieb, erschien wirklich ein Polizist, nahm mich bei der Hand und stieß mich aus dem Zug. Mein Gepäck wurde ebenfalls einfach herausgesetzt. Ich lehnte es ab, in der dritten Klasse zu reisen. Da ließ man den Zug ohne mich abfahren, und nun blieb mir nichts anderes übrig, als die sehr kalte Winternacht in dem ungeheizten Wartesaal zu verbringen. Ich wagte nicht, mir meinen Überzieher aus dem von dem Bahnbeamten in Verwahrung genommenen Gepäck zu holen, weil ich fürchtete, erneut beleidigt zu werden. Aber in dieser Nacht erstarkte in mir der Entschluß, den Kampf gegen die überhebliche Nichtachtung der ‚Farbigen' mit aller Kraft zu führen. Am nächsten Tag mußte ich mit der Postkutsche von Charlestown nach Johannesburg fahren, da es noch keine Bahnverbindung gab. Obwohl ich einen gültigen Fahrschein hatte, riet mir der Wagenführer, mich nicht in den Wagen, sondern draußen neben den Kutscher zu setzen. Ich solle mich nicht der Gefahr aussetzen, von den weißen Mitreisenden als Kuli behandelt und aus dem Wagen verwiesen zu werden. Trotz der schweren in diesem Vorschlag enthaltenen Beleidigung fügte ich mich und nahm den Außenplatz ein, während der Beamte sich statt meiner in den Wagen setzte. Gegen drei Uhr nachmittags kam die Postkutsche in Pardekop an. Da beanspruchte der Beamte, der rauchen und frische Luft haben wollte, plötzlich seinen Platz neben dem Wagenführer. Er nahm ein Stück schmutziges Sacktuch, breitete es auf dem Fußbrett aus und wies mir diesen Platz an mit den Worten: ‚Kuli, setz dich hier hin.' Als ich seiner Weisung nicht gleich Folge leistete, schlug er auf mich ein und versuchte, mich von meinem Platz zu reißen, so daß sich sogar die Passagiere im Wagen für mich einsetzten und ihn aufforderten, mich in Ruhe zu lassen. Schließlich mußte er sich dazu verstehen, den Hottentotten, der auf der anderen Seite des Wagenführers saß, auf dem Fußbrett Platz nehmen zu lassen, um seinen Sitz einnehmen zu können."

Auf Schritt und Tritt mußte Gandhi, besonders in den ersten Monaten, solche empörenden Beleidigungen und Demütigungen hinnehmen, mußte erfahren, wie die Hautfarbe zwischen Menschen und Völkern fast unüberwindliche Schranken aufrichtete. Seinem Auftreten vor den Gerichten wurde von den Behörden, den Richtern und Staatsanwälten alle nur denkbaren Schwierigkeiten bereitet, und nur ganz langsam und mit unerhörter Selbstüberwindung gelang es ihm, Fuß zu fassen und – was er inzwischen als seine Aufgabe erkannt hatte – sich für die Interessen der Inder einzusetzen.

Der Aufenthalt in Südafrika, zunächst nur für ein Jahr geplant, dauerte zwanzig Jahre und war für Gandhi reich an Entbehrungen, Erfahrungen und Erlebnissen. Er arbeitet im Dienste des Indian National Congress, um besonders in Natal die politischen und wirtschaftlichen Schwierigkeiten der dort ansässigen Inder zu beheben. 1896 verbringt er einen Urlaub von sechs Monaten in Indien und nutzt diese Zeit dazu aus, die Aufmerksamkeit seiner Landsleute auf die Zustände in Südafrika und die Leiden der dort lebenden Inder zu lenken. Verleumderische Berichte über seine Reden, die in den afrikanischen und englischen Zeitungen erscheinen, bringen die öffentliche Meinung gegen den „Kuli-barrister" auf. Bei seiner Rückkehr nach Afrika trifft er auf offene Feindschaft, ja, muß sich sogar körperliche Mißhandlungen gefallen lassen. Die Vorfälle veranlassen ein Eingreifen des britischen Staatssekretärs für die Kolonien, Chamberlain. Er verlangt telegraphisch, daß die Regierung von Natal ein Gerichtsverfahren gegen die Angreifer eröffne. Auf ein Schreiben des Staatsanwalts in dieser Angelegenheit antwortet Gandhi: „Ich wünsche nicht, daß irgendeiner vor Gericht gestellt wird. Es mag genügen, einige Namen festzustellen. Aber wozu soll man sie bestrafen? Sie sind übrigens meiner Meinung nach nicht die wirklich Schuldigen. Man hat ihnen vorgelogen, ich hätte in Indien wilde Gerüchte über die Weißen und die Verhältnisse in Südafrika verbreitet. Da sie diesen Gerüchten Glauben schenkten, brauchen wir uns über ihr Verhalten nicht zu wundern. Es sind die Behörden, und damit auch Sie selbst, die sich schuldig machten, als sie den Reuterberichten trauten und annahmen, ich hätte so wild und wüst geredet. Ich will keine Bestrafung. Ich bin sicher, diese Leute werden ihre Untaten bereuen, sobald sie zu einer besseren Einsicht und zur Erkenntnis der Wahrheit geführt werden."

Da bricht der Burenkrieg aus. Gandhi hält es für seine Pflicht, sich soweit im englischen Interesse daran zu beteiligen, daß er ein Feldlazarett einrichtet und sich selbst als Sanitäter betätigt. Nach einem Gefecht holt er den gefallenen Leutnant Roberts, den Sohn des englischen Oberkommandierenden, Sir Frederick Roberts, vom Schlachtfeld.

Nach Kriegsende kommt er wieder nach Indien und verfolgt den Plan, sich als Rechtsanwalt niederzulassen. Aber schon bald ruft ihn Afrika zurück, wo der Zulukrieg ihn wieder vor eine besonders schwierige

Entscheidung stellt. Obwohl er mit der sich immer mehr verschlechternden Lage der Inder höchst unzufrieden ist und mit seinen Sympathien eher auf der Seite der Zulus als auf der der Engländer steht, stellt er sich doch wieder der englischen Regierung zur Verfügung und rüstet eine Lazarettabteilung aus.

Aber „Gutes mit Gutem vergelten" ist nicht der Grundsatz, nach dem die Regierung in Südafrika vorgeht. Die Gesamtlage der indischen Bevölkerung wird immer kritischer.

Durch die sogenannte „Indian Registration Act" versucht man, sie der Polizeigewalt auszuliefern. Im September 1906 sammeln sich die Inder unter der Führung Gandhis. In einer Massenversammlung von 3000 Menschen beschließen sie, die Gewaltmaßnahmen der Südafrikanischen Regierung mit allen ihnen zur Verfügung stehenden friedlichen, also nichtkriegsmäßigen Mitteln zu bekämpfen. Hierin erblickt man mit Recht die Geburt oder Wiedergeburt der Satyagraha*), die im Laufe der Jahre zu einer neuen und einzigartigen Waffe werden sollte.

Es wird versucht, den Konflikt durch den soge-

---

*) Satyagraha ist ein mehrschichtiger und schwer übersetzbarer Begriff und bedeutet wörtlich „Macht der Wahrheit". Gandhi will damit auffordern, der Wahrheit und Gerechtigkeit nicht den Weg in das Herz des Gegners durch eigene Gewalttaten zu verstellen. Die Gewaltlosigkeit ist mehr als bloße Verweigerung der Mitarbeit (non-co-operation); sie ist der unerschütterliche Glaube daran, daß die Wahrheit und die Gerechtigkeit einer Sache sich selbst durchsetzt und unsere eigenen Aktionen diesen Prozeß nur verlangsamen und verhindern. Satyagraha bedeutet auch Läuterung des einzelnen Menschen und seines ganzen Volkes im bewußten und bewußt-opfervollen Verzicht auf Gewalt im weitesten Sinne.

nannten Gandhi-Smuts-Kompromiß zu lösen. Die Lösung gelingt aber nur scheinbar, indischerseits mußte sie als völlig unbefriedigend empfunden werden. Die obligatorische „registration" wird durch eine freiwillige ersetzt. Durch neue Gesetze versucht man, das Eindringen von Indern nach Transvaal zu verhindern. Der Oberste Gerichtshof muß dieses Vorgehen als rechtswidrig erklären.

Die Lage verschärft sich immer mehr. Gandhis Anhänger müssen zu Tausenden in die Gefängnisse wandern.

Die Berg- und Gutsarbeiter streiken gegen die sogenannte „Fünf Pfund und drei Schilling-Steuer", nach der jeder Inder diese Summe als Kopfsteuer zahlen muß. Daraus entwickelt sich eine Agitation, die nicht nur in Südafrika, sondern auch in Indien schnell an Heftigkeit und Bitterkeit zunimmt. Selbst der britische Vizekönig von Indien, Lord Hardinge, mußte dagegen protestieren. So kommt es zum zweiten Gandhi-Smuts-Kompromiß, durch den die Hauptbeschwerdepunkte ihre Erledigung finden. Damit ist der erste Sieg mit Hilfe der neuen Waffe Satyagraha erfochten. Von 1893 bis 1914 hat Gandhi in Südafrika unter Aufopferung seiner persönlichen Angelegenheiten die Sache seines Volkes vertreten.

Kurz vor dem Ausbruch des ersten Weltkrieges ist er mit seiner Frau und einem ihm von Südafrika her eng befreundeten Deutschen, namens Kallenbach, auf der Seereise nach England. Am 6. August 1914 trifft er in London ein. Dort versucht er wieder, englandfreundlich wie immer,*) auf dem einzigen ihm offenstehenden Weg zu helfen, indem er ein Lazarett ausrüstet und eine Mannschaft dafür zusammenstellt.

Aber jugendliche Chauvinisten aus Oxford, die im Lazarett Gandhi unterstellt sind, fühlen sich berufen, gegen ihn zu agieren und ihn ganz auszuschalten. Ihm bleibt schließlich nichts anderes übrig, als erneut nach der Satyagraha zu handeln. Der Konflikt sollte durch die Aufstellung eines neuen indischen Lazaretts in Netley oberflächlich behoben werden. Einzelne der bisherigen Mitarbeiter Gandhis gehen dorthin, die anderen nicht; er selbst gehört natürlich nicht zu den letzteren. Aus seinem Briefwechsel mit dem britischen Oberkommandierenden in dieser Angelegenheit seien nur die Schlußsätze wiedergegeben: „Ich begnüge mich mit dem Hinweis, daß meine Erfahrungen hier zu unseren täglichen Erfahrungen in Indien passen. Teilweise durch Drohungen, teilweise durch geschickte Überredung gelang es dem Kommandierenden, unsere Abteilung zu spalten. Einige von denen, die sich für den Satyagraha-Entschluß erklärt hatten, wurden abtrünnig."

Da spitzt sich die Lage zu. Vom Kriegsschauplatz in Nordfrankreich werden eine große Anzahl schwerverwundeter Deutscher nach England gebracht und dem Lazarett Netley zugeteilt. Ein hoher englischer Beam-

*) In seinen Briefen „An die Engländer in Indien" aus dem Jahre 1920 schreibt er: „Liebe Freunde, ich darf in aller Bescheidenheit sagen, daß kein anderer Inder in neunundzwanzig Jahren öffentlichen Wirkens so wie ich ununterbrochen mit der englischen Regierung zusammengangen ist. – Viermal habe ich für das Empire mein Leben aufs Spiel gesetzt."

ter, der Unterstaatssekretär Robert, drängt Gandhi immer wieder, er möchte angesichts dieser Verhältnisse seine Satyagraha-Kameraden zur Wiederaufnahme ihrer Arbeit im Lazarett bewegen, selbst aber wieder die Leitung übernehmen und alles nach eigenem Ermessen einrichten. Gandhi, stets bereit zu helfen, wenn Menschen leiden, geht auf den Vorschlag ein, und die Satyagrahis haben freie Bahn in ihrem Lazarett.

Ihrem Leiter aber bleibt diesmal die Mitarbeit versagt. Er hat sich eine schwere Lungenentzündung zugezogen, deren Heilung noch dadurch erschwert wird, daß er als strenger Vegetarier sogar Milch und jegliche Milchgerichte ablehnt. Da zudem das Herbstwetter in England für ihn wenig günstig ist, entschließt er sich zur Rückkehr nach Indien.

Gern hätte er seinen Freund Kallenbach mitgenommen, und der Gandhi nunmehr zu Dank verpflichtete Mr. Robert war bereit, den für die Ausreise benötigten Paß zu besorgen. Aber da trat ihm Lord Hardinge in den Weg mit der Kabeldepesche: „Bedaure, daß die indische Regierung nicht in der Lage ist, eine solche Verantwortung zu übernehmen." – Gandhi ist darüber aufs bitterste verärgert und enttäuscht: „Es griff mir ans Herz, mich von Herrn Kallenbach trennen zu müssen, aber für ihn war es noch schmerzlicher. Hätte er mit nach Indien kommen können, so würde er heute das einfache, aber glückliche Leben eines Bauern oder Webers führen."

In den Jahren 1916 und 1917 kam es in Indien und

gleichzeitig in Südafrika zu einer gewaltigen Massenbewegung zugunsten der vertragsgebunden indischen Arbeiterschaft, die man allgemein als Kulis bezeichnet. In Indien steht selbstverständlich Gandhi, der Kuli-barrister, an der Spitze. Im Laufe seines Feldzuges um die Beendigung des Indentured Labour-Systems (Arbeitszwanggesetz), das jeden indischen Arbeiter weitgehend der Willkür fremder Arbeitgeber ausliefert, durchquert er ganz Indien. Ihm zur Seite stehen jetzt schon zahlreiche begeisterte Anhänger und Jünger, an seine Spuren heften sich aber auch schon die wachsamen und mißtrauischen Aufpasser der britisch-indischen Regierung. Ganz anders als in Südafrika steht in der Heimat selbst die gesamte Bevölkerung hinter Gandhi. Wieder scheint Satyagraha das einzige Mittel, die Gegenseite zum Einlenken zu bewegen. In der zentralen gesetzgebenden Versammlung liegt bereits ein Entwurf vor, das Indentured Labour-System für null und nichtig zu erklären. Aber bevor noch die Verhandlung darüber beginnt, wird vom Palast des Vizekönigs gemeldet, daß das System als abgeschafft zu betrachten sei. Wieder ein glänzender, in seinen Folgen bedeutungsvoller Sieg von Satyagraha! Wie weit damals – um die Mitte von 1917 – die Lage auf dem europäischen Kriegsschauplatz die Entscheidung zugunsten der indischen Arbeiterschaft mit beeinflußt hat, ist schwer zu sagen. Gandhi war sich aber darüber klar, daß das Entgegenkommen der Regierung von beschränkter Dauer sein würde.

Das ganze weitere Leben Gandhis ist eine kaleidoskopische Aufeinanderfolge von Satyagrahas, möglichst an den Stellen, wo die unterdrückte Bevölkerung seines Landes am meisten zu leiden hat. Zu dem nächsten größeren Unternehmen der Art kam es in Champaran (Provinz Bihar, Nordostindien), wo seit Jahrhunderten die Indigoplantagen den wertvollen Farbstoff lieferten. Die Indigobauern waren durch die bestehenden Gesetze gezwungen, ihre Ernte unter sehr ungünstigen Bedingungen an die britischen oder britischfreundlichen Grundbesitzer abzuliefern. Gandhi nimmt sich ihrer Sache an und begibt sich nach Champaran, wird aber von den Behörden höchst unfreundlich abgewiesen und, als er sich weigert fortzugehen, in Haft genommen. An dem Tag, an dem ihm der Prozeß gemacht werden soll, versammeln sich 20 000 Bauern vor dem Gerichtsgebäude und nehmen eine drohende Haltung an. Die Behörden sehen sich schließlich genötigt, Ganehis Vermittlung anzurufen. Wiederum ist er zur Versöhnung bereit. Unter Mitwirkung eines ad hoc zusammengerufenen Ausschusses, in dem der eben noch Angeklagte die entscheidende Rolle spielt, wird das jahrhundertealte, verhaßte Gesetz abgeändert. Erst jetzt, 1917, erkannte die britische Regierung in Indien, welche Macht hinter Gandhi steht.

1918 ist wieder ein sehr kritisches Jahr für England infolge der Lage an den europäischen Fronten. Und als es in Kaira, Gandhis Heimat, wegen der ungerechten Verteilung der Ernte zu schweren Beunruhigungen kommt, bei denen die Regierung auf ihren Forderungen besteht wie Shylock auf seinem Pfund Fleisch, muß Gandhi eingreifen und schließlich das schon so oft bewährte Mittel Satyagraha zur Anwendung bringen. Der britische Vizekönig sieht sich genötigt, den Forderungen Gandhis und der hinter ihm stehenden Bauern so weit wie möglich entgegenzukommen, um nicht das Ergebnis der Rekrutierung in Indien schwer zu gefährden.

Mit dem 11. November 1918 aber tritt eine ganz neue Lage ein. Der Krieg ist zu Englands Gunsten entschieden, und jetzt braucht man zunächst keine Rücksichten mehr auf die indischen Nationalisten zu nehmen. Die sogenannten Rowlatt Bills hatten den Zweck, die Sonderverordnungen und gesetzlichen Maßnahmen zur Sicherung des Landes während der Kriegszeit, die selbstredend die elementarsten zivilen Rechte verneinten, in Kraft zu halten und ihnen dauernde Geltung zu verleihen. Rowlatt, früher Leiter eines Londoner Untergerichts, wurde eigens für diese Aufgabe nach Indien gesandt und ging mit rücksichtsloser Energie daran, in diesem Land einen Zustand, der seit langem als von der Zeit überholt empfunden wurde, wiederherzustellen. Die Folgen konnten nicht ausbleiben. Was sich nicht gutwillig fügte, sollte mit Gewalt gefügig gemacht werden. Darauf konnte es für Gandhi und für Indien nur eine Antwort geben: Satyagraha! Plötzlich wurden die Hauptvertreter der Kongreßpartei und Anhänger Gandhis, Dr. Satyapal und Kichlu, von der Polizei verhaftet und „in communicado" gehalten. Der April 1919 wird für ganz Indien zu einem „schwarzen Monat". Die Rowlatt Bills, auch „black bills" genannt, führten überall zu Unruhen und Tumulten. Gandhi bestimmt um Mitte April eine Woche für öffentliche Kundgebungen und Volkstrauer. Im Pundjab (Fünfwasserland), in Amritsar, kommt es zu blutigen Zusammenstößen. Der britische General Dyer hält es für seine Pflicht, eine Volksmenge, die sich in einer Gartenanlage zu einer Protestkundgebung gegen die Rowlatt Bills zusammengefunden hatte, mit Maschinengewehrfeuer zu zerstreuen, bevor das Verbot von Ansammlungen unter der Bevölkerung bekannt geworden war. Hunderte von Toten, Tausende von Verwundeten, darunter viele Frauen und Kinder, blieben auf dem Platze. Niemand kümmerte sich um die Unglücklichen. Über das ganze Land wurde der Kriegszustand verhängt, sogar Flieger wurden gegen die schutzlose Bevölkerung eingesetzt. Eine Welle von Verhaftungen, Mißhandlungen und Demütigungen ging über ganz Indien. Ghandi, im Tiefsten getroffen und erschüttert von all dem Leid, das über sein Volk hereinbrach, mußte nach außen hin Ruhe und Fassung bewahren und versuchen, noch Schlimmeres zu verhüten. Es war gewiß, daß am Ende der Sieg der Gerechtigkeit stehen würde. So konnte er vor die Menge treten und zu ihr sprechen: „Wir müssen bereit sein, ruhigen Gemütes der Niedermetzlung von tausend, ja von vielen tausend unschuldiger Männer und Frauen zuzusehen, bevor Indien im Rat der Völker Sitz und

Stimme erlangt. Aber das wird uns eher ermutigen als abschrecken. Wir werden uns daran gewöhnen müssen, im Tod durch den Strang etwas Alltägliches zu sehen."

Als nach mehreren Monaten der Unterdrückung durch die militärische Zensur die Schreckenskunde von Amritsar in Indien und in der Welt bekannt wird, geht eine Woge der Empörung durch das Volk. Nicht nur in Indien, auch in England verlangt man strengste Untersuchung und Bestrafung der Schuldigen. Gandhi allein begnügt sich mit der Forderung einer sofortigen Abberufung Dyers. Ihm ist es nicht um Rache zu tun, sondern allein darum, weiteres Unheil zu verhindern. Wie wenig die indische Regierung den Ernst der Lage und die hochherzige Besonnenheit Gandhis zu erkennen vermochte, geht daraus hervor, daß sie noch vor Abschluß der eingeleiteten Untersuchung die für die Vorgänge in Amritsar verantwortlichen Offiziere begnadigte und zum Teil sogar noch belohnte.

Die Erregung erfaßte Hindus wie Mohammedaner in gleicher Weise, denn im Amritsar war das Blut beider Volksteile geflossen. Die zuletzt Genannten waren zudem dadurch schwer beunruhigt und gereizt, daß England jetzt nach Beendigung des Krieges keine Neigung zeigte, die früher gemachten Zusicherungen hinsichtlich der Souveränität des Kalifen, also des türkischen Sultans, einzuhalten. Lloyd George und der Vizekönig von Indien hatten sich in aller Form verpflichtet, dem Sultan die Herrschaft über die heiligen Stätten des Islams zu erhalten. Jetzt sahen sie sich angesichts der allgemeinen politischen Lage außerstande, ihr Versprechen einzulösen. Gandhi blieb es vorbehalten, die Leitung auch der allindischen Kalifatsbewegung zu übernehmen. Er mußte versuchen, die beiden Volksteile, die sich religiös schon schroff genug entgegenstanden, nicht noch weiter auseinandergehen zu lassen, sondern sie für den gemeinsamen Kampf um die Freiheit zusammenzuhalten. „Wenn wir Hindus, Parsi, Christen und Juden als eine Nation miteinander leben wollen, muß die Sache des einzelnen zur Sache der Allgemeinheit werden. Dabei entscheidet einzig und allein die Gerechtigkeit der fraglichen Sache." Mit diesen Worten erklärt er, daß die Hindus die Sache der Mohammedaner zu der ihrigen machen wollten.

Aber damit ist der nationale Kampf in Indien zum wirklichen Ausbruch gekommen. Und erst jetzt erhält die Satyagraha-Bewegung ihre eigentliche Bedeutung, denn sie hat letzten Endes Indien freigemacht, und sie allein hat es vermocht, von einzelnen Ausnahmen abgesehen, die Massen des Volkes in ihrem Abwehrkampf auf den Wegen des Friedens zu halten.

Die Stunde der Erprobung hat geschlagen. Es ist das erste Mal, daß Gewaltlosigkeit von der vollen Wucht der Gewalt getroffen wird, denn der Gegner setzt nach alter Weise alle äußeren Machtmittel, Feuer und Schwert in den Händen der Soldaten des eigenen Volkes, gegen die Widerstrebenden ein. Gandhi nimmt alles ruhig und unentwegt hin, denn er ist sich seiner Sache und des endlichen Erfolges von Anfang an sicher. Aber die Gesamtheit des Volkes ist natürlich nicht gleich im Gebrauch der Seelenwaffe geübt, und so sind bedauerliche Zwischenfälle fast unvermeidbar. Agents provocateurs sind am Werke; Gandhi wird nicht müde, seinen Anhängern zu predigen, daß sie Haß nicht mit Rache und Groll, sondern mit Liebe erwidern sollen.

Für das Jahr 1921 sind noch zwei Ereignisse von besonderer Bedeutung gewesen. Zunächst der Besuch des Prinzen von Wales, des englichen Kronprinzen, in Indien. Er soll mit eigenen Augen sehen, so steht es im Programm der Regierungspartei, wie loyal die große Mehrheit der Bevölkerung Indiens zu England steht, daß die Satyagrahis, die soviel Lärm machen, nur kleine, einflußlose Leute sind. In Wirklichkeit geht, besonders im Anschluß an die Schießerei von Amritsar, eine Welle der Unzufriedenheit und der Feindschaft durch das Land. Aber sie kann sich kaum bemerkbar machen angesichts der zahllosen festlichen Veranstaltungen zu Ehren des Prinzen und angesichts der strengen polizeilichen Überwachung aller Äußerungen in der Presse und in den Versammlungen. Die unterdrückte Volksstimmung findet dennoch den Weg, sich kundzutun. An den Häusern, den Mauern, den Trambahnen steht eines Morgens zu lesen: „No welcome to the Prince!“ Die Loyalisten lassen zwar schleunigst das „No“ in einer anderen Farbe überpinseln, aber jeder weiß jetzt, wie die Meinung des Volkes in Wirklichkeit ist, ja nach den vorausgegangenen Ereignissen sein mußte. London glaubt, einen zweiten Friedensboten in der Person des Grafen von Conaught, des Onkels des Kaisers und Königs, senden zu müssen. Er will wirklich Frieden stiften und sagt: „Laßt das Begrabene begraben sein." Er gibt offen zu, daß „the fair face of Amritsar" traurig entstellt aussähe, daß sich aber alle Gutwilligen auf dem Wege zu zeitgemäßen Reformen treffen müßten. Als Antwort darauf schreibt Gandhi am 7. Februar 1922 folgenden offenen Brief an Seine Königliche Hoheit: „Seit dreißig Jahren habe ich mich mit der englischen Regierung auseinandergesetzt, aber diese hat uns nicht verstanden. Lord Willingdon (britischer Gouverneur der Provinz Madras) ist sicherlich als Mensch tadellos, als Gouverneur aber fehl am Platz. Er hat es nicht verstanden, in der Seele der Madrasis zu lesen. Auch der Gouverneur Bengalens ist ein ehrenwerter Gentleman, kennt aber das Herz und das Sehnen Bengalens nicht. Bengalen ist nicht Kalkutta, und die Paläste Kalkuttas vertreten und beherbergen nicht die Bauern jenes schönen Landes. Nicht britische Gewehre, sondern unsere eigene freiwillige Mitwirkung sichern das Gedeihen des Landes. – – Wir sind im Begriff, auf den Alkoholismus zu verzichten. Wir müssen Indien vom Fluch des Pariaunwesens befreien. Wir sind bestrebt, alles Ausländische in unserem Leben abzuschütteln und die Arbeit am Spinnrad wieder zum erhabensten Beruf zu machen."

Zu einer besonders schlimmen Ausschreitung kommt es im Februar 1922 in Chauri Chaura (Ortschaft im Distrikt Gorakhpur, Nordost-Indien), wo der Pöbel einen Polizeiposten überfällt und die Besatzung niedermacht oder in der Thana, dem Polizeigebäude, verbrennt. Mit Entsetzen vernimmt Gandhi den Bericht darüber. Er muß die Stellungnahme seiner Landsleute, die sich darauf berufen, daß die Polizei auf unbewaffnete Bauern geschossen habe, als falsch und unverantwortlich verurteilen. Auch wenn ein Satyagrahi programmgemäß gewisse ungerechte Gesetze bricht und daraufhin eingekerkert wird, dürfen seine Freunde und Mitkämpfer nicht versuchen, ihn zu befreien. Der Vorfall von Chauri Chaura ist ihm Anlaß genug, die ganze Bewegung, die anderswo durchaus erfolgversprechend verläuft, vorübergehend einzustellen. Ja, er unternimmt, um das Unrecht zu sühnen, das berühmt gewordene Chauri Chaura-Fasten. Die Bewegung soll erst wieder einsetzen, wenn das Volk innerlich disziplinierter geworden ist.

Es ist nicht verwunderlich, daß manche seiner Anhänger ihn jetzt nicht mehr verstanden, ja an ihm irre wurden. Gandhi aber bekennt immer wieder: „Ich würde jede Demütigung erleiden, jede Qual, vollständige Verbannung oder gar den Tod, um die Bewegung davor zu bewahren, gewalttätig zu werden oder zu einem Vorläufer von Gewalttätigkeit." Trotz aller Mäßigung, die er gerade in diesen so kritischen Wochen zeigt, in denen er alles daran setzt, das Volk ruhig zu halten und Zusammenstöße mit der bewaffneten Macht zu verhindern, machen die Engländer ihn letzten Endes für alle Zwischenfälle und alle

Unruhen im Lande verantwortlich. Er wußte, daß er jetzt auch mit seiner Verhaftung zu rechnen hatte, die tatsächlich am Abend des 10. März erfolgte. Wenige Tage später begann der Prozeß gegen ihn vor dem Gericht in Ahmedabad, ein Prozeß, auf dessen Ausgang damals ganz Indien, ja darüber hinaus die Welt gespannt wartete. Die Anklage gründete sich vor allem auf den Artikel, den Gandhi am 23. Februar als Antwort auf ein für Indien beleidigendes Telegramm der Londoner Regierung in der Zeitschrift „Young India" geschrieben hatte, und in dem es u. a. heißt: „Wie könnten wir uns zu einem Kompromiß herbeilassen, solange der britische Löwe uns mit seinen blutigen Pranken droht. – Es ist höchste Zeit, dem britischen Volk unmißverständlich zu erklären, daß der Kampf, der im Jahre 1920 angefangen hat, ein Kampf um den endgültigen Sieg ist, dauere er nun einen Monat oder viele Monate, ein Jahr oder viele Jahre. Ich hoffe und bete, Gott möge Indien die nötige Demut und Kraft verleihen, gewaltlos zu bleiben bis zum Ende. Unterwerfung aber unter die beleidigenden Bedingungen, die uns bei jeder Gelegenheit von London hergekabelt werden, ist heute ganz und gar unmöglich." Der Prozeß wurde von allen Seiten mit Zuvorkommenheit und Achtung gegenüber der menschlichen und sittlichen Größe des Angeklagten geführt. Gandhi selbst verlangt, daß nach der Strenge des Gesetzes gegen ihn verfahren werde. Er will für sein Volk leiden, weil er glaubt, daß dieses Leiden die bisher noch Widerstrebenden auf seine Seite ziehen

Gandhi 1931 in England.

werde. Unter allgemeiner tiefer Bewegung wird schließlich das Urteil – 6 Jahre Gefängnis – verkündet. Seine Frau, ihm gleichkommend an Würde und seelischer Größe, wendet sich an das indische Volk mit der Bitte, Ruhe zu bewahren und nach den Lehren des Meisters zu handeln. Vom Sabarmati-Ufer wird der Gefangene später in ein Gefängnis an einem unbekannten Ort überführt, wo er seine Tage im Gebet und mit religiösen Übungen verbringt. Es zeigt sich bald, daß seine Bewegung sich infolge der Leiden ihres Stifters läutert und stärkt. Tausende von Indern handelten nach seinem Beispiel, indem sie sich, ohne zur Gewalt zu greifen, ins Gefängnis werfen ließen und sich so mit ihrem Meister zu dem Glauben bekannten, daß am Ende doch immer die moralische Kraft sich stärker erweisen werde als die rein physische und gewaltmäßige.

Früher, als man allgemein erwartete, wurde Gandhi zu Beginn des Jahres 1924 freigelassen. Wieweit für diese Begnadigung die Achtung vor der großen Persönlichkeit des Gefangenen oder die Sorge um die durch die Gefangenhaltung des Meisters gereizte Volksstimmung maßgebend gewesen ist, läßt sich schwer sagen. Sicher ist, daß Gandhi selbst, der zuletzt in Yeravada bei Poona (Distrikt in der Provinz Bombay) in Gefängnis saß, nicht um seine Entlassung eingekommen ist. Er erklärte in aller Offenheit, daß ihm der Entschluß der Regierung leid tue, und daß ihn nichts daran hindern werde, seinen Kampf gegen sie fortzusetzen, solange die Veranlassung dazu fortbestände. Er mußte sich kurz vor der Entlassung einer gefährlichen Operation im Gefängnis unterziehen, von der er sich nur langsam erholen konnte. Dieser Umstand sowie die richtige Erkenntnis, daß sich während seiner zweijährigen Gefangenschaft mancherlei Verschiebungen auf den politischen Kraftfeldern vollzogen hatten, über die er sich erst genau informieren wollte, war der Grund für ihn, sich zunächst außerhalb der unmittelbaren Auseinandersetzungen zu halten. Ihm ging aber bald die Erkenntnis auf, daß die neuen Methoden keinen Fortschritt darstellten, daß vor allem jeder Gedanke an die von manchen indischen Politikern jetzt erstrebte Swaraj (Homerule) abwegig sei, solange nicht die Kernfrage des politischen Lebens, die Einigung zwischen den verschiedenen Rassen und Religionen, gelöst wurde. In dieser Sache wendet er sich in klarer Voraussicht dessen, was hier auf dem Spiele steht, immer wieder beschwörend an seine Landsleute. „Wir werden die Freiheit nur erringen, wenn wir ein unauflösliches Band zwischen den verschiedenen Gemeinschaften knüpfen. Nicht darauf kommt es an, daß Ihr für meine Gesundheit betet; wenn Ihr Euch in Einigkeit zusammenschließt, werde ich die Gesundheit schneller wiedererlangen, als alle ärztlichen Bemühungen es vermögen. Ich habe in meinem Herzen vor allem unter den Nachrichten über Eure Uneinigkeit gelitten. Solange diese bestehen bleibt, werde ich nicht zur Ruhe kommen! So wende ich mich an alle unter Euch, die mich lieben, mit der Bitte, ‚Einigt Euch! – – – –'

Hindu, Mohammedaner, überwindet endlich Euer Mißtrauen untereinander! Das Mißtrauen geht aus der Furcht hervor, die Furcht aber aus Schwäche . . Ich weiß, daß wir uns im Grunde wie Brüder lieben. Ich bitte Euch, wie ich selber dem in uns lebendigen Drängen nach Einigkeit Folge zu leisten."

So bleibt auch in diesen Jahren der Zurückhaltung von der aktiven Politik die geistige Leitung des indischen Volkes in Gandhis Händen. Am Ende der zwanziger Jahre aber zwingen ihn die Ereignisse wieder zum Hervortreten auch in der äußeren unmittelbaren Führung.

1930 kam es wieder zu einer Satyagraha, der sogenannten Salz-Satyagraha. Erst bei dieser Gelegenheit gelang es Gandhi, die non-co-operation zu einer wirklich allgemeinen Volksbewegung zu machen, denn die Salzsteuer lastete besonders schwer auf den armen Bauern und Arbeitern. In Frankreich traten sie einst zum Sturm auf die Bastille an, in Indien schlossen sie sich zur Satyagraha zusammen. Gandhi trat den Marsch an die ferne Meeresküste an, überall in den Städten und Dörfern die neue Kampfesweise predigend, um erst am Strande selbst das Salz aus dem Meerwasser zu gewinnen. *) Die Polizei wird gegen die Bevölkerung, die, dem Beispiel Gandhis folgend, dem Meere unmittelbar ihren Salzbedarf entnimmt, aufgeboten. Es gibt wieder Massenverhaftungen, Verurteilungen, Einkerkerungen, und Gandhi selbst

---

*) Mit dem berühmten Marsch von 1930 nach Dandi wurde die Salzsteuer sinnlos gemacht.

erleidet das Schicksal vieler Tausende. Aber am Ende dieser Satyagraha steht der Sieg des Volkes.

Die nächste Gelegenheit für Gandhi, vor aller Welt die Interessen Indiens zu vertreten, bietet die berühmte Round Table Conference in London. In der Hauptsache geht es dabei um die Frage, in welchem Umfang den verschiedenen Bevölkerungsschichten ein erweitertes Stimmrecht verliehen werden kann. 1933 kommt die Government of India Act zustande, und nach den im Sinne der neuen Verfassung durchgeführten Wahlen bilden sich in den Staaten und Provinzen neue Regierungen. Da die acht Hauptprovinzen auf dem Boden der Kongreßpartei stehen, kommt es zu einer Provinzialautonomie, obgleich die Zentralregierung in Neu Delhi im Grunde noch an den Anschauungen eines veralteten Milordismus festhält.

Da bricht der zweite Weltkrieg aus, und nun müssen klare Entscheidungen getroffen werden. Auf einen Wink aus London hin versetzt der Vizekönig, Lord Linlithgow, ganz Indien mit seinen 350 Millionen Einwohnern in den Kriegszustand gegenüber Deutschland und bedient sich dabei des törichten Vorwandes, daß auch die Grenzen Indiens am Rhein lägen. Sämtliche zur Kongreßpartei gehörigen Minister werden rücksichtslos aus ihren Ämtern entlassen und durch Engländer sowie einige in nationaler Hinsicht charakterlose Inder ersetzt. Nach außen hin versucht man, eine Scheindemokratie aufrecht zu erhalten, in Wirklichkeit verfällt Indien wieder der Herrschaft eines der Willkür ergebenen Milordismus.

Darunter verelendet das Volk von Jahr zu Jahr mehr. Infolge der Unfähigkeit der jetzt an den entscheidenden Stellen stehenden Männer nehmen die Mißwirtschaft und in engster Verbindung damit die Hungersnot einen bisher unbekannten Umfang an. Allein in der Provinz Bengalen fallen ihr Hunderttausende zum Opfer. Jetzt kann Gandhi nicht länger schweigen, jetzt muß auch für ihn alle Rücksicht aufhören. Auf seine Veranlassung und unter seiner Führung richtet der Indian National Congress an England die Aufforderung: „Quit India!“ (Verlaßt Indien!) Selbstverständlich sucht die Besatzungsmacht dieser offenen Auflehnung mit allen Mitteln der Gewalt zu begegnen. An dem verhängnisvollen 9. Aug. 1942 werden Gandhi und mit ihm sämtliche führenden Männer der Kongreßbewegung verhaftet und ins Gefängnis gebracht. Man hofft mit der ihrer Leitung beraubten und unter Druck gesetzten Bevölkerung leichter fertig zu werden. Bald geht das Gerücht um, Gandhi und seine Freunde seien insgeheim nach Ostafrika oder den Fidji-Inseln geschafft worden. Am 22. Februar 1943 aber erfährt man, daß sich der Vorkämpfer der Freiheit Indiens noch im Land befindet und erneut in ein Aufsehen erregendes Fasten von 21 Tagen eingetreten ist, um dadurch die Aufmerksamkeit der Welt auf die Zustände in Indien zu lenken.

Aber erst am 5. Mai 1944 wird er aus dem Kerker entlassen. Churchill hat sich, wohl unter amerikanischem Einfluß, entschlossen, die Politik der Gewalt gegenüber Indien aufzugeben. Sein Schulkamerad Leopold Amery soll es als Staatssekretär für Indien noch einmal mit einer Politik der Versöhnung versuchen. Im Jahre 1945 wird für Indien eine All Parties Conference berufen. Da sich aber dabei deutlich die Absicht Englands zeigt, in der Welt den Eindruck zu erwecken, daß das Land für die Unabhängigkeit noch nicht reif sei, wird die Lage eher verschlechtert als verbessert. Die inneren Spannungen verschärfen sich, und am 16. August 1946 kommt es in Kalkutta erneut zu blutigen Auseinandersetzungen. Gandhi wandert mit dem Pilgerstab in der Hand von Dorf zu Dorf durch die moslemitischen Teile des Bezirks Noakhali, um Versöhnung und Bruderliebe zu predigen. Er sieht voraus, daß der von England gewünschte und betonte Gegensatz zwischen Hindus und Moslems und der darauf beruhende Teilungsplan die schwersten Gefahren für die Zukunft des Volkes in sich birgt. Er will die Mohammedaner für die allindische Sache gewinnen und kommt ihnen deshalb in edelmütigster Weise entgegen. Während in Pakistan die Hindus wie wilde Tiere gehetzt und verfolgt werden und schließlich das Gemetzel von Karachi über sich ergehen lassen müssen, können in Hindostan Moslems noch die höchsten Ämter in der Provinzialregierung bekleiden. Um auch die Machthaber Pakistans für den Gedanken der Versöhnung zu gewinnen, unternimmt der jetzt schon 79 Jahre alte Gandhi am 12. Januar 1948 sein letztes Fasten, und auch dieses Mal bleibt ihm der Erfolg nicht versagt.

Aber eine kleine Gruppe blinder Fanatiker begreift die wirklichen Ziele Gandhis nicht. Am 21. Januar wird in der Nähe seines Betplatzes in Neu-Delhi eine Bombe zur Explosion gebracht. Er bleibt unverletzt und bittet, von jeder Untersuchung des Vorfalles abzusehen. Aber wenige Tage später, am Nachmittag des 30. Januar, wird er auf dem Weg zum Betplatz von einem fanatischen jungen Mann durch mehrere Revolverschüsse getötet.

Erst jetzt erkennt auch die Gegenseite, daß der Islam in Indien mit Gandhi seinen besten Freund und Fürsprecher verloren hat. Wenn diese Erkenntnis sich durchsetzt und am Ende doch erreicht wird, daß Hindostan und Pakistan sich zu einem einheitlichen und einigen freien Indien zusammenschließen, so wäre das Ziel, für das Gandhi gelebt und gestrebt und schließlich sein Leben hingegeben hat, doch noch verwirklicht.

II
Harte Proben

Es sei hier die Schilderung von Gandhis äußerem Lebensgang ein Abschnitt angefügt, in welchem wir den Mahatma in besonders schwierigen und kritischen Situationen seines Wirkens zeigen, die ihn auch heftiger Kritik, z. T. sogar von seinen eigenen Anhängern, ausgesetzt haben.

Wir befassen uns zuerst mit seiner Stellung zur Frage eines jüdischen Staates in Palästina. Von jüdischer Seite ist gegen Gandhi der Vorwurf einer unfreundlichen Haltung gegenüber dem Judentum und der Gründung des Staates Israel gerichtet worden, und auch in UNO-Kreisen hat man es als inkonsequent und bedauerlich bezeichnet, daß Gandhi und die Gandhianer schließlich einer Teilung Indiens zugunsten zweier verschiedener Volksteile zugestimmt, sich einer Teilung Palästinas aber in einen jüdischen und arabischen Teil widersetzt hätten. Dazu ist zu sagen, daß Gandhi sich bis zuletzt gegen eine Aufteilung Indiens in zwei Staaten gesträubt hat. Er ist darin so weit gegangen, allen Festen aus Anlaß der Befreiung Indiens fernzubleiben, und hat erklärt, er werde die Fahnen Indiens nicht grüßen, so lange deren zwei verschiedene über dem Land wehten. Bis zu seinem tragischen Ende hat er die baldige Wiedervereinigung von Hindostan und Pakistan herbeigesehnt und mit allen Mitteln erstrebt.

Jüdischerseits ist Gandhi einer Bevorzugung des Islams gegenüber dem Judentum beschuldigt worden. Richtig ist, daß er weder für die eine, noch für die andere Seite Partei ergriffen hat. Wohl aber hat er häufiger betont, Juden und Araber hätten unter türkischer Herrschaft jahrhundertelang friedlich in einem ungeteilten Palästina zusammen gewohnt. Es sei nicht einzusehen, warum dies jetzt nicht mehr möglich sein soll. Er sah zweifellos in der Aufteilung des Landes den Keim zu schweren, blutigen Auseinandersetzungen vielleicht schon in der nahen Zukunft, genau so, wie er diese Gefahr bei der Aufteilung seines eigenen Landes vorausgesehen hat.

Die Meinung aber, Gandhi sei im Grunde seines Herzens ein Antisemit gewesen, erledigt sich durch den Hinweis auf seine allgemeine uneingeschränkte Menschenliebe wie durch die Tatsache, daß er immer wieder dankbar anerkannt hat, Indien habe gerade unter britischen Staatsmännern jüdischer Abkunft wie Disraeli, Montague, Rufus Isaacs bedeutende Fortschritte erzielt. Gandhi hat in Disraeli, Englands berühmtem Premierminister aus dem Zeitalter der Königin Victoria, in manchem direkt einen Vorläufer und Vorkämpfer seiner Ideen gesehen, hat doch Disraeli in seiner berühmten Proklamation vom Jahr 1857 als erster dem Volk Indiens versichert, daß vor dem Gesetz alle Völkerschaften, Religionsbekenntnisse, Sekten, Rassen und Kasten im Land gleich seien. Und der Mahatma hat es ebenso dem Juden Edwin Samuel Montague hoch angerechnet, daß er sozusagen die erste Bresche in die Festung des reaktionären und oft indienfeindlichen Milordismus gelegt hat, indem er es durchsetzte, daß als erster Inder der „Heide" Satyendra Prosanna Sinha von Seiner Christlichen Majestät, König Georg V., zum Lord und Mitglied des Englischen Oberhauses ernannt wurde. Erst dadurch wurde der Weg für das indische Reformwerk im Parlament freigemacht. Den dritten von uns angeführten einflußreichen Juden Rufus Isaacs, Lord Reading, hat Gandhi selbst seinen „treuen Freund" genannt, weil er in der kritischsten Stunde, als alle anderen vor der Aufgabe zurückschreckten, es wagte, den Posten des Vizekönigs und Generalgouverneurs zu übernehmen. Aus der südafrikanischen Zeit Gandhis könnte man noch einen weiteren Juden, Henry Polak, anführen, mit dem er menschlich wie durch seine Arbeit eng verbunden ist.

Im besonderen ist in den Kreisen der UNO, der UNESCO und ihrer Unterausschüsse gegen das Gandhische Indien immer wieder der Vorwurf der Judenfeindlichkeit erhoben worden. Es verhält sich damit so, daß Indien in der besonderen Lage, in der es sich befand – es unterstand der englischen Oberherrschaft genau so wie Palästina – eine betont israelfreundliche Politik unmöglich betreiben konnte. Solange Indien selbst von England abhängig war, mußte es sich vor allem in außenpolitischen Fragen eine gewisse Zurückhaltung auferlegen, der sich auch

Gandhi in der Frage eines selbständigen Staates Israel entsprechend den Grundlinien der englischen Außenpolitik nicht entziehen konnte. Übrigens wird umgekehrt von indischer Seite betont, daß – von einzelnen Persönlichkeiten abgesehen – das Weltjudentum sich dem indischen Freiheitskampf gegenüber sehr uninteressiert, ja gleichgültig gezeigt habe.

Die härteste Probe für Gandhi aber, bei der sogar sein Mahatmatum zu versagen drohte, bedeutet die Pakistanfrage.

„Pak" heißt „rein", im politisch-religiösen Sinne „von Ungläubigen frei". Wer aber glaubt, das Land Pakistan sei ein in diesem Sinne einheitliches, konformes Land, befindet sich in einem gewaltigen Irrtum. Die zu Pakistan gehörigen ehemaligen Einzelstaaten – Pundjab, Assam, Kassimir – sind alles andere als völkisch, religiös, kulturell „reine" Gebilde. Und infolgedessen ist die unter dem Vorsitz von Lord Mountbatten (Battenberg) getroffene Entscheidung der Boundary Commission (Grenzkommission) hinsichtlich der Teilung Indiens in zwei Staaten, Hindostan und Pakistan, und der Zuweisung der einzelnen Gebiete an diese, als eine vom gesamtindischen Interesse aus höchst bedenkliche und auf die Dauer unhaltbare Fehlentscheidung zu beurteilen. Man mache sich z. B. klar, daß Lahore, die Hauptstadt von Westpakistan, eine Hindumehrheit aufweist, daß alle geschäftlich und steuerlich ins Gewicht fallenden Berufe und Unternehmungen, dazu das gesamte die Intelligenz umfassende geistige und kulturelle Leben nicht von Moslems, sondern von Hindus getragen werden. Man hat es zwar durch allerlei Machenschaften fertiggebracht, schließlich für die gesamte Bevölkerung der schönen aufblühenden Industriestadt eine Moslem-Mehrheit von ungefähr 1 Prozent herauszurechnen. Die Hindus aber haben sich mit einem solchen Vorgehen natürlich nicht einverstanden erklären können. Insgesamt hat man in den Staat Pakistan, der ein Moslemstaat sein sollte, 21 Millionen Hindus hineingepackt, denen aus Mangel an Mitteln und jeglicher Unterstützung die Auswanderung unmöglich gemacht ist. Hindostan kann sie – wie sich schrekkensvoll gezeigt hat – nicht übernehmen, und in der bisherigen Heimat werden sie wie lästige Fremdlinge, ja Feinde behandelt. Keiner hat so mit ihnen gefühlt und gelitten und so laut seine warnende Stimme erhoben wie Mahatma Gandhi. Weil er dieses Elend und dieses neue nationale Unglück für Indien vorausgesehen hat, hielt er es für seine sittliche und politische Pflicht, die Aufteilung Indiens bis zum Äußersten und Letzten zu bekämpfen.

Man hat zugunsten des Staates Pakistan auch den Gesichtspunkt der erstrebten Rasseneinheit angeführt. Wagt man heute noch damit zu operieren, nachdem die Erkenntnis, daß es nirgendswo in der modernen Welt ganz rassereine Völker gibt, ja geben kann, sich durchgesetzt und die Erfahrungen in Deutschland gezeigt haben, wohin eine einseitige und engstirnige Vertretung des Rassenstandpunktes zu führen vermag? In Wirklichkeit besteht für Indien die

Rassenfrage überhaupt nicht, denn die Pakistaner sind Moslems indischer Rasse.

Viel tiefer und bedenklicher sind für Pakistan die religiösen Glaubensunterschiede. Die Moslems sind in dieser Hinsicht in Pakistan durchaus nicht einer Meinung, sondern teilen sich nach Schiiten, Sunniten und Kadiani-Sekten. Schiiten sind vorwiegend die Moslems persischer Herkunft, Sunniten die Ägypter, Türken und Afghanen, Kadianis diejenigen, die an die Wiedergeburt bzw. Heiligung des Messias oder des Propheten in dem nordindischen Dorf „Kadian“ glauben. Alle diese Richtungen zeichnen sich durch einen besonderen Fanatismus aus, der sich, wie noch die jüngste Geschichte beweist, immer wieder in blutigen Auseinandersetzungen Luft macht. Einig sind sie sich nur in ihrer Feindschaft, in ihrem Haß gegen die Hindus; und es gibt für sie kaum eine religiöse Feier, die nicht von der anderen Seite gewaltsam gestört würde, so daß die Behörden gezwungen sind, mit schärfsten Mitteln einzugreifen, um Ruhe und Ordnung zu wahren. Die Bezeichnung „pak ist rein“ läßt sich also auf jedes andere Land eher anwenden als gerade auf Pakistan. Wir verstehen nun erst recht, weshalb Gandhi seine Liebes- und Wahrheitswaffe, seine Satyagraha, gerade gegenüber der Teilung Indiens anwandte. Es wird uns aber auch klar, daß er sich dadurch Feinde machte. Er redete zwar nur von Liebe und Versöhnung, zog sich aber dennoch den Haß und die Rachsucht fanatischer Anhänger der Pakistan-Idee zu und erlag schließlich dem tödlichen

Geschoß eines aufgehetzten jungen Mannes. Er starb um der Liebe willen.

Das Urteil der Nachwelt steht für uns fest. Kläglich ist das Verhalten der Mitwelt in Pakistan, die durch die Behörden in Karachi verbieten ließ, zu Gandhis Todestag an seinem Gedenkmal Blumen niederzulegen, mit der Begründung, derartige Blumenspenden kämen der Abgötterei nahe.

Fast gleichzeitig aber liefen viele Sonderzüge, um es den Moslems zu erleichtern, an den Gräbern frommer Muselmanen Blumenspenden niederzulegen und ihre Andacht zu verrichten.

Der dritte Vorwurf, der gegen Gandhi erhoben wurde, ist der, sich von Anfang an und grundsätzlich feindlich zu Großbritannien gestellt und dadurch dessen Gegnerschaft herausgefordert zu haben. Um Gandhis Verhältnis zu England richtig zu verstehen, muß man sich einmal ganz klar machen, daß er einfach nie hat begreifen können, wie die europäische Schutzmacht, die als Hort der Freiheit auf Erden galt und sich so oft andern Völkern gegenüber fortschrittlich und menschenfreundlich gezeigt hat, gerade Indien gegenüber so kurzsichtig und reaktionär handelte. Er hat es auch England und den Engländern gegenüber wahrlich nicht an dem Versuch des Ausgleichs der Interessen und des freundlichen und wenigstens erträglichen Nebeneinanderlebens fehlen lassen. Aber er wurde seinerseits immer wieder zu seiner Satyagraha herausgefordert. Man denke nur an die berühmt gewordene Khaddar-Satyagraha, den

Kreuzzug gegen das fremdländische Tuch, das Manchester cloth, zugunsten der im eigenen Lande hergestellten Stoffe. In diesem Zusammenhang ist er so weit gegangen, von den „satanic mills", den satanischen Fabriken, zu sprechen, die der britische Milordismus gegen das indische Volk errichtet habe.

Die Welt ist voller Anomalien und Gegensätzlichkeiten, das mußte Gandhi erfahren, als schon 350 Millionen Inder und noch viel mehr, ja ungezählte Millionen Asiaten hinter ihm standen, selbst in Europa und der übrigen Welt die Menschen, die guten Willens waren, sich zu seiner neuen Denk- und Empfindungsweise bekannten, die Bewohner jener abseits des europäischen Festlands liegenden zerstreuten Inseln aber ihn und seine Gedankenwelt hartnäckig ablehnten. Da ist es menschlich verständlich, daß er bitter wurde und in Abänderung des Napoleonischen Wortes „The English a nation of shop-keepers" – „die Engländer ein Händlervolk", die Briten als „a nation of shop-keeping soldiers" – „eine Nation handeltreibender Soldaten" – bezeichnete. Um die äußersten Möglichkeiten einer gütlichen Einigung auszuschöpfen, hat er am Ende der dreißiger Jahre noch einmal die lange und für ihn beschwerliche Seereise nach England zur Round-Table-Konferenz unternommen.

Er hielt es für seine Pflicht, jedem Versuch zu einer friedlichen Lösung der Schwierigkeiten seine moralische Unterstützung durch seine Anwesenheit zu gewähren. Das Scheitern der Verhandlungen mit dem starren, den indischen Gedanken und Erwägungen unzugänglichen Milordismus nahm er wieder zum Anlaß, den untereinander in vielem uneinigen Völkerschaften Indiens sein immer erneuertes „Völker Indiens, einigt Euch" zu predigen. Im übrigen verließ ihn auch angesichts des Mißerfolges aller Londoner Verhandlungen sein angeborener Humor nicht. Anläßlich eines Besuches bei einer bekannten Quäkerin, Miß Muriel Lester, traf er mit Charlie Chaplin zusammen. Man konnte damals in den Zeitungen die Gruppenaufnahme der drei Personen sehen und die an Chaplin gerichtete Bemerkung Gandhis lesen: „You have done more for the entertainment of the world than the whole of the British Empire put together."

Es lag geradezu eine tiefe Tragik in der Tatsache, daß England und Gandhi sich nicht zusammenfinden konnten. Aber England hat nie ernstlich den Versuch dazu unternommen. Für die Minister in der Downing-Street, die vornehmen Lords, den Mann auf der Straße oder den Arbeiter in seinem bescheidenen pub (public house) war der Mahatma nichts anderes als der „naked saint", – „der nackte Heilige", den man in der Presse, auf der Bühne wie im Film nur von der komischen Seite glaubte nehmen zu können, obgleich festzustellen ist, daß sich Gandhi nie vor der Öffentlichkeit nackt, sondern stets in einer den Sitten des Landes angepaßten, jedenfalls durchaus unanstößigen Kleidung gezeigt hat. Der Unfug, sich über den mächtigsten und einflußreichsten Mann Indiens lustig zu machen, ging schließlich in England so weit, daß Chamberlain als Ministerpräsident dem amtlich entgegentreten mußte.

Auch ein Mann wie Churchill hat weder vor noch während des zweiten Weltkrieges, in den Indien nolens volens, d. h. einfach auf Befehl von London, hineingestürzt wurde, die wahre Bedeutung Gandhis erkannt, sonst hätte er den wohlgemeinten, wichtige Ratschläge und Erkenntnisse enthaltenden Brief, den Gandhi in der Kriegszeit an ihn richtete, schneller beantwortet, und ganz gewiß wäre seine Antwort anders ausgefallen, denn Gandhi hatte darin viel von dem vorausgesehen und vorausgesagt, was später eingetreten ist, daß sich oft neben ein vae victis! auch ein vae victoribus! stellt, und daß England schon während des Krieges alle Veranlassung hätte, dies in Erwägung zu ziehen. Gandhi hat immer nach einer Mahnung des englischen Dichters Shelley gehandelt. „Wir schauen vorwärts und zurück". Von den englischen Staatsmännern, denen er diese Lebensweisheit vor und nach dem Kriege empfohlen hat, läßt sich dies nicht sagen.

Es gibt keine größere Bitternis auf Erden, als durch den eigenen Freund mißverstanden und verdächtigt zu werden.

Das hat Gandhi im Leben reichlich erfahren müssen, in erster Linie wiederum in seinem Verhältnis zu England. Loyaler und aufrichtiger, als er zu sein versucht hat, konnte sich niemand geben, und besonders gerade dann, wenn Großbritannien schwere Krisen durchmachen mußte, hat Gandhi ihm als Freund willig seine Dienste angetragen. Obgleich er kurz vorher noch in schweren politischen Auseinandersetzungen mit der britischen Regierung gestanden hatte, zögerte er beim Ausbruch des Burenkrieges keinen Augenblick, eine vorbildliche Lazarettabteilung aufzustellen und zu leiten, deren ausgezeichnete Leistungen der General Redvers Buller gerade nach der Niederlage von Spion-Kop dankbar und ehrend anerkannte. Und nicht anders handelte er, als der Zulukrieg und später der erste Weltkrieg ausbrach.

Und 1939 beim Beginn des zweiten Weltkrieges? Trotz allem, was an bitteren Enttäuschungen und schweren seelischen und körperlichen Leiden durch die anglo-indischen Stellen inzwischen über ihn gekommen war, unternahm er es, allen früheren non-cooperation-Tendenzen zum Trotz, mäßigend und ausgleichend zu wirken. Es ist schwer, sich auszudenken, welches Maß von Selbstüberwindung dazu gehörte. Hatte sich doch gerade bei Kriegsausbruch an dem Verhalten des Generalgouverneurs, der ohne jede Befragung des Indian National Congress einfach durch einen Federstrich Indien in den Kriegszustand mit Deutschland versetzte, gezeigt, wie wenig England in Wirklichkeit gewillt war, den Selbständigkeitsbestrebungen des 350 Millionen-Volkes Rechnung zu tragen.

Gandhi war im Grunde kein Politiker, und das Ränkespiel der Politik mit all seinen häßlichen Begleiterscheinungen war seinem reinen, lauteren Sinn von

Natur zuwider. Und doch wurde er, den das Schicksal, weil er eine große, überragende Persönlichkeit war, an die Spitze seines Volkes berufen hatte, genötigt, immer wieder die Richtung der indischen Politik zu bestimmen.

So oft der Nationalkongreß zusammentrat, hatte er zu entscheiden, was zu tun, was zu unterlassen, vor allem welche Haltung England gegenüber einzunehmen war. Und bei all den jahrelangen Verhandlungen mit England sah sich Gandhi als der Führer der indischen Unabhängigkeitsbewegung am Schluß immer wieder vor dem gleichen Ergebnis, das am besten mit den englischen Worten: „Too little and too late" – „Zu wenig und zu spät" gekennzeichnet wird.

Gandhi mochte vorschlagen und zur Erörterung stellen, was er wollte, immer wieder begegnete ihm von englischer Seite die gleiche Taktik der Verzögerung und der Geringschätzung. Erstrebte er – bescheiden genug – eine autonome Provinzialverwaltung, so war das äußerste, was nach endlosen Verhandlungen herauskam und bewilligt wurde, eine völlig unzureichende lokale Selbstverwaltung. Als später die Autonomie in der Zentralverwaltung gefordert wurde, boten die Engländer die längst nicht mehr genügende unabhängige Bezirksverwaltung an. Und als schließlich jedem Einsichtigen klar sein mußte, daß die Lösung des Gesamtproblems nur noch in der vollständigen Abtrennung Indiens gefunden werden konnte, suchte man sich noch hinter einer sogenannten Dyarchie*) zu verschanzen, bei der alle entscheidenden Ministerien in britischer Hand blieben. Aber vielleicht zeigte sich die Nichtachtung Gandhis und seiner Bewegung, die als die Vertretung ganz Indiens angesehen werden mußte, noch stärker als in der Ablehnung bestimmter Forderungen in der Art, wie man sich in persönlichen Fragen zu ihm stellte. Wie oft kam es vor, daß in dem wegen seines freiheitlichen und fortschrittlichen Geistes gerühmten Unterhaus eine Sitzung, in der Angelegenheiten des Kaiserreichs Indien behandelt werden sollten, nicht stattfinden konnte, weil die gesetzlich vorgeschriebene Mindestzahl von Abgeordneten nicht erschienen war! Und wie oft sind die Wünsche und Hoffnungen Indiens auf eine wirklich geeignete und befähigte Persönlichkeit für den Posten des Vizekönigs bitter enttäuscht worden! Oft genug sind bei der Ernennung nicht die Belange Indiens, sondern irgendwelche mehr oder weniger hervorragenden sonstigen Verdienste, die belohnt werden sollten, oder auch unmittelbare parteiliche Rücksichten maßgebend gewesen! Alle Umstände und Vorgänge, die Gandhi und seine Anhänger zu der Überzeugung bringen mußten, daß eine Regelung des indisch-englischen Verhältnisses auf dem parlamentarischen Wege nicht möglich war. Und da sich für Gandhi der Weg der Gewalt von selbst verbot, blieb nur das Mittel der non-cooperation.

Der Ausbruch des zweiten Weltkrieges stellt

---

*) Wörtlich: Zweiherrschaft.
Angewandt: Englisch-indische Mischregierung.

Gandhi, wie schon erwähnt, vor die schwerste und verantwortungsvollste Entscheidung seines Lebens. Er glaubt vielleicht noch an die Möglichkeit, durch sein Wort, durch das Gewicht seiner Persönlichkeit die baldige Einstellung der Feindseligkeiten erreichen zu können, und er entschließt sich, an Hitler ein persönliches Schreiben zu richten. Er fordert ihn auf und ermahnt ihn, nicht weiter den Weg der Gewalt gegen die schwächeren demokratischen Staaten Europas zu gehen, vielmehr das Zusammenwirken mit den neutralen Staaten zu suchen, die wahren Ziele einer auf Menschlichkeit aufgebauten Politik zu erkennen und dadurch die große von ihm erstrebte und z. T. schon vollbrachte Leistung eines sozialen Wiederaufbaus Deutschlands zu sichern und zu vollenden. Im gleichen Sinne schreibt Gandhi an die Staatsoberhäupter von Rußland, der Vereinigten Staaten, später auch an Churchill. Nur der letztere hat, wenn auch sehr verspätet, den Brief beantwortet, und zwar in dem Sinn, daß unter den obwaltenden Verhältnissen die Vorschläge nicht durchführbar seien. Wenn Roosevelt schwieg, so darf dies nicht so ausgelegt werden, als sei er an Indien nicht interessiert gewesen. Er war im Gegenteil indienfreundlich, und es ist anzunehmen, daß er in dieser Richtung seinen Einfluß bei Churchill geltend gemacht und den Drang Indiens nach Selbstregierung unterstützt hat.

Als Führer des „Indian National Congress" leitet Gandhi 1939 gegenüber der Kriegspolitik Englands die „non-cooperation movement" ein, hält es aber unter dem Druck der damaligen Verhältnisse für notwendig, diesen Beschluß so zu mildern, daß er die Angehörigen der Kongreßpartei anweist, sich nur jeglicher Unterstützung der britischen „war efforts" und der Stärkung des Kriegspotentials zu enthalten.

Als überzeugter „Ahimsagläubiger", d. h. als Vorkämpfer des Friedens und der Versöhnung unter den Völkern, haßte er aus tiefster Seele den Krieg und jede mit dem Mittel des Krieges rechnende Politik. Brach der Krieg aber aus, so war er der erste, der sich mit Worten und Taten dafür einsetzte, seine Greuel und Leiden für die geplagten Menschen zu mildern.

In diesem Kapitel über die schweren Fragen, vor die Gandhi sich gestellt sah, die schmerzlichen Entscheidungen, die er treffen mußte, auch auf die Gefahr hin, von seinen nächsten Angehörigen und Freunden nicht mehr verstanden zu werden, muß auf sein Verhältnis zu seinem großen Zeitgenossen Tagore eingegangen werden. Die beiden größten Männer Indiens, beide erfüllt von unendlicher Menschenliebe und dem gleichen dringenden Wunsch, ihrem Volk in seiner geistigen und materiellen Not zu helfen, müssen nach langen Wegstrecken gemeinsamen Denkens und Handelns doch schließlich auseinandergehen. Romain Rolland hat in seinem Werk über Mahatma Gandhi diesem Auseinandergehen eine besonders eindrucksvolle Darstellung zuteil werden lassen. Und man merkt, wenn man sie liest, deutlich, wie schmerzlich es für ihn ist, sich dabei mehr auf die Seite Tagores als auf die Gandhis stellen zu müssen.

Tagore huldigte dem Mahatma in einer herrlichen Apotheose, an deren Schluß aber Sorgen und Bedenken stehen, wenn er sagt: „In diesem Augenblick erschien Mahatma Gandhi. Er trat über die Schwelle der Hütten, wo die Tausende der Enterbten wohnten, gekleidet wie sie. Er sprach mit ihnen in ihrer eigenen Sprache. Da war nun endlich Wahrheit und nicht nur ein Zitat aus einem Buche. Darum ist auch der Name Mahatma, der ihm verliehen wurde, sein eigentlicher und wahrer Name. Wer sonst hat in diesem Maß empfunden, daß alle Inder eines Fleisches und Blutes seien? Und in der unmittelbaren Berührung der Wahrheit erhoben sich die unterdrückten Kräfte der Seele wieder. Sobald die wahre Liebe an die Tür Indiens trat, tat sich diese Türe weit auf. Das Zögern schwand. Die Wahrheit erweckte die Wahrheit . . . Lob und Dank dem Mahatma, der die Kraft der Wahrheit sichtbar werden ließ! . . . Auch damals, als Buddha die Wahrheit von dem Mitleiden mit allen lebenden Wesen verkündigte, die ihm als Frucht seiner Selbstzucht zugefallen, war Indien erwacht in der Blüte seiner Männlichkeit. Seine Kraft hatte sich in Wissenschaften und Künsten ausgebreitet und hatte Ozeane und Wüsten überflutet . . . Keine wirtschaftliche und militärische Ausbeutung hat jemals etwas Ähnliches vollbracht. Nur die Liebe ist das Wahre. Wenn sie die Freiheit verleiht, so pflanzt sie sie in den Mittelpunkt unseres Wesens . . . Einige Töne dieser Hymne Indiens, das in Liebe wunderbar erwachte, schwebten über die Meere heran zu mir . . . Begierig, die leichte Luft der neuen Freiheit zu atmen, und freudeerfüllt kehrte ich zurück. Aber wie fühlte ich mich bei meiner Ankunft niedergeschlagen! Eine drückende Atmosphäre lastete auf dem Lande. Irgendein äußerer Zwang schien alle und jeden zu treiben, im gleichen Ton zu reden und sich an die gleiche Mühle zu spannen. Von allen Seiten hallte mir entgegen: Verstand und Vernunft sind einzusperren! Man braucht sich nur noch an den blinden Gehorsam zu halten. So leicht ist es, im Namen der äußeren Freiheit die innere Freiheit des Menschen zu erdrücken."

Tagore, der sich wohl infolge seiner langen und vielfältigen Berührung mit der westlichen Welt einem geistigen Universalismus genähert hatte, konnte sich nicht davon überzeugen, daß Indien mit den Methoden Gandhis und seiner Anhänger einer wirklichen Freiheit zugeführt wurde. Er fürchtete, daß die fanatisierten Massen, einem blinden Nationalismus und der Idee der non-cooperation ergeben, den Anschluß an die europäische Kultur nicht erreichen und eine unüberbrückbare Kluft zwischen Indien und der übrigen Welt aufgerissen würde. Und wird Gandhi die Massen, die er gerufen und aufgeboten hat, in der Hand behalten und lenken können, werden sie nicht, nur auf sich selbst gestellt, doch wieder der Barbarei verfallen? Das sind schicksalsschwere und ernste Fragen, die Tagore stellte und auf die Gandhi zu antworten hatte.

Gandhi ist sich der Verantwortung gegenüber seinem Volk und der Menschheit bewußt. Er kommt aber bei jeder Überprüfung der Verhältnisse in seinen Erwiderungen an Tagore immer wieder zu dem Ergebnis, daß Indien auf dem Weg, den er ihm vorgeschrieben, fortschreiten müsse. „Wir müssen vermeiden, uns mit denjenigen näher einzulassen, deren soziale Gebräuche von den unseren verschieden sind. Wir sollen unser Leben nicht mit dem von Menschen oder Völkern verbinden, deren Ideal sich im Widerstreit befindet mit unserem eigenen. – Jeder Mensch ist wie ein Bach. Jedes Volk ist wie ein Fluß. Sie müssen ihrem eigenen Lauf folgen, rein und ohne Trübung, bis sie das Meer des Heils erreicht haben, wo sich dann alle miteinander vereinigen." Und um jedem Mißverstehen und dem Vorwurf eines engstirnigen Nationalismus oder Patriotismus zu begegnen, betont er immer wieder: „Unsere non-cooperation" gilt weder den Engländern noch den Europäern. Sie gilt dem System, das die Engländer in Indien errichtet haben, gilt der materiellen Zivilisation und der damit zusammenhängenden Gier und der Ausbeutung der Schwachen. Es ist ein Zurückziehen auf uns selbst. Indien muß erst leben lernen, bevor es trachten kann, für die Menschheit zu sterben."

III

Mahatma Gandhis Weltanschauung

Mohandas Karamchand Gandhi, so lautet der volle Name des Mahatma. Aus ihm ist zum großen Teil seine Weltanschauung, sein Denken und Handeln abzuleiten.

Mohandas heißt wörtlich „im Dienst der Liebe"; mohan ist die Liebe, das der Diener, dasi die Dienerin.*) Gandhi tritt uns als Mohandas im erhabensten Sinne entgegen. Als Diener der Liebe, voll reinster Menschenliebe, steht er in Versammlungen, vor Erwachsenen, Studenten, Schülern, vor den Vornehmen wie den Parias, und auch vor Prinzen und Fürsten, um zu predigen, zu belehren und zu bekehren. Er war geradezu ein Seelenarzt, den jedermann in seiner Bedrängnis um Rat und Hilfe bitten konnte. Und seltsamerweise kamen zu ihm, dem berühmten Seelenarzt, auch die Dirnen von der Straße. Was hat der Diener der Liebe den „Dienerinnen der Liebe" zu sagen? Er begnügt sich nicht mit dem Ratschlag: „Geht nach Hause und sündigt nicht mehr", sondern er spricht zu ihnen: „Meine Lieben, ich bin bereit, euch zu raten. Ich brauche euch nicht viel zu sagen. Tut nur das, was ich auch tue und wie ich es tue. Ich meine

*) devadas bedeutet z. B. Dienerin Gottes, Bayadere, erst später in entarteter Bedeutung „Dirne".

das Spinnen. Denn das ist eine Disziplin, die weit kräftiger und wirksamer ist als irgendeine, die man sonst einer rechten Lebensführung zugrunde legen könnte. Damit hört das alte Leben auf, damit fängt ein neues Leben an. Wenn ihr nur, meine lieben Kinder, – denn in dieser Hinsicht seid ihr noch Kinder, die ich gern zu mir kommen lasse – wenn ihr nur zielbewußt und voller Inbrunst für das neue Leben euch dieser Disziplin widmet und unverdrossen eine halbe oder dreiviertel Stunde fühmorgens das Spinnrad dreht, so schmückt ihr euch mit dem schönsten Schmuck auf Erden, mit der Würde der Arbeit, jener Arbeit, durch die einst in der guten alten Zeit unser Land stark, frei und stolz war, alles für sich selbst schaffen konnte, sich Nahrung, Kleidung, ja das Leben selbst sicherte, anstatt sich hilflos auf den Fremden zu verlassen und von seiner Gunst abzuhängen. Also greift ruhig, fest und entschlossen zur sicheren Eigenwehr, wodurch des Lebens Bürde leichter und immer leichter für euch zu tragen sein wird. Ihr werdet bald ein Gefühl der Entlastung verspüren und, durch Disziplin gestärkt, dem kommenden Tag froh entgegensehen. Bharat Mata *) wird euch hochschätzen, wie alle diejenigen ihrer Kinder, die etwas Mustergültiges zu leisten verstehen. Vom Können hängt alles erst in zweiter Linie ab, in erster Linie vom Wollen. ‚Wo ein Wille ist, da ist ein Weg.' Wenn ihr bereitwillig den schweren Pfad, den ich euch zeige, betretet, so werdet ihr Mitstreiter

*) wörtlich: Bharat – Mutter, alter Name für Indien, wie etwa Hellas für Griechenland.

und Mitstreiterinnen aus allen Schichten der Bevölkerung um euch versammelt sehen, die durch die gleiche Opferwilligkeit in ihre Rechte eintreten werden." Bei solchen Ansprachen brauchte es nicht wunderzunehmen, daß Gandhi, der Diener der Liebe, die Vertreterinnen des allerältesten Berufes in der Welt zu sich bekehren und für sich gewinnen konnte.

Aber damit haben wir schon manches vorweggenommen. Es sei zunächst an dieser Stelle vermerkt, daß der junge Mohandas in seiner Londoner Zeit starken christlichen Einflüssen ausgesetzt war. Der junge, unbefangene Student wurde von den damals führenden Persönlichkeiten des kirchlichen Lebens, der kirchlichen Nothilfe und auch des Roten Kreuzes in England stark beeindruckt. Er erkennt die Zusammenhänge zwischen den Weltanschauungen des frommen Inders und des frommen Christen, und sie werden später den Kern seines Universalismus ausmachen. Auf dieser Grundlage wurden seine Prarthma-Vorlesungen zu einem Seminar über Weltreligion.

Als frommer Djain *) war er Vegetarier, jegliche Fleischkost war ihm verboten und zuwider. Der junge Djain fühlte sich allen Lebewesen, auch den Tieren, brüderlich verbunden. Wie Faust wandte er sich an den allen innewohnenden „Erhabenen Geist" in dem Bekenntnis: „Du führst die Reihe der Lebendigen vor mir vorbei und lehrst mich meine Brüder im stillen Busch, in Luft und Wasser kennen."

---

*) Djainismus ist als eine dem Buddhismus entstammende Religion aufzufassen.

Von hier aus ist auch die besondere Verehrung der Kuh in Indien zu erklären und zu verstehen, an der Europäer so oft Anstoß genommen haben. Gandhi sieht darin ein Kennzeichen des Hinduismus, durch das die Bruderschaft zwischen Mensch und Tier besonders ausgedrückt wird.

Sie führt den Menschen über die Grenzen seiner Art hinaus. Die Kuh läßt ihn sein Eins- und Gleichsein mit allem, was da lebt, anerkennen. Gandhi sieht in diesem sanften Tier ein „Gedicht des Mitleids" und ein stummes Geschöpf Gottes, auf das die Forderung des Evangeliums anzuwenden ist: „Liebe deinen Nächsten wie dich selbst!"

In ihm glühte eine allumfassende Menschen- und Nächstenliebe. Aufs engste befreundet, ja verbündet war er in England besonders mit dem Reverend Charlie Andrews. Und von Anfang an hat er in diese Gemeinschaft des frommen Christen und des frommen Inders den frommen Juden hineingezogen. Er war sich auch da der uralten Zusammenhänge bewußt, übersah nicht, daß der indische Brahma der jüdische Abraham, die indische Saraswati, seine Frau, die jüdische Sarah ist, sowie das Krischna und Christ, die heilige Kuh und das Gotteslamm, der Göttertrunk Soma und der Abendmahlswein, das indische Karma und das Kreuz, die Karma-Lehre und die christliche Leidensauffassung, Basant und das Christliche Osterfest als Feier der Auferstehung des Herrn eng zusammengehören. Und man darf sagen, daß der Mohandas besonders während seines Wirkens unter seinen unterdrückten Landsleuten in Südafrika wie ein Christ die Lehre des Heilands praktisch in die Tat umgesetzt hat.

Der zweite Vorname Gandhis, der eigentlich an erster Stelle stehen sollte, lautet Karamchand „Träger des Karmas". Was ist denn Karma? Hier ist es wichtig, zu betonen, daß Karma nicht, wie es manchmal geschieht, mit Kismet gleichgesetzt werden darf. Die Kismetlehre wird am klarsten durch den Zeltmacher Omar vertreten, der sagt: „Möchtest du die Welträtsel erforschen und die süße Erde nimmer verlassen? Was du im Leben nicht ergründen konntest, das wird dir vergönnt sein, wenn die Sinne dich verlassen haben." Oder: „Du süße Erde, auf immer verlaß ich dich, die du mir vorübergehend Obdach geschenkt hast. Kein einziges Rätsel habe ich lösen können, und manchen Zweifel nehme ich mit ins Grab." Oder noch kennzeichnender: „Es schreibt der Finger und bewegt sich weiter. All mein Scharfsinn und all meine Frömmigkeit vermögen nichts daran zu ändern." Wie weit ist dieser Kismetbegriff entfernt vom echten mohammedanischen Gottesbegriff: „Bismillah – ur – rahman – ur – rahim." „Im Namen Allahs des Beschützenden, des Barmherzigen." In diesem Kismet liegt ein Vakuum, ein Sprung ins Ungewisse, auf der anderen Seite sicherlich ein starker Antrieb zum Fanatismus. Gehen wir von hier aus nun zum Karma über, so ist dies der Übergang vom Lebens- und Seelenvakuum zur Lebensfülle.

„Karma" heißt „tun", „Tat"; man versteht darunter

aber auch die Gesamtheit der Taten, die Leistung der Menschen im höheren ethischen Sinn, im Sinne von Goethes „Im Anfang war die Tat". Es liegt dem Begriff zugleich auch eine Wertung zugrunde, der Unterschied nämlich zwischen guten und bösen, positiven und negativen Taten. Und dann kommt als Drittes hinzu die Gesamtwirkung der Summe des Guten und Bösen auf das betreffende Lebewesen. Nach dem Grundsatz „Wie man säet, so erntet man" erstreckt sie sich von den durchlaufenen und zurückliegenden Lebenskreisen auf die kommenden.

Der Europäer glaubt als Christ an einen einmaligen Ablauf von Geburt, Leben, Tod und Verewigung in Gott, wobei hier nicht auf die von der gegenwärtigen Anthroposophie vertretene Anschauung von der Wiedergeburt und den seltsamen Versuch, diese Ansicht mit dem christlichen Glauben in Übereinstimmung zu bringen, eingegangen werden soll. Hingegen ist der Inder seiner ganzen Herkunft, Kultur und Religion nach auf den Glauben an die Wiedergeburt eingestellt. Ohne diese kann er sich das Werden und den Fortbestand des Universums, Zweck und Aufgabe des Menschentums, ja sogar eine gerechte Gottheit nicht vorstellen. Und damit gewinnt nun die Gesamtsumme an guten und bösen Handlungen in einem bestimmten Menschenleben sehr an Bedeutung, weil sie sich im künftigen Leben und Werden ganz auswirkt. Man kann diese Auswirkung der Gesamtsumme an guten und schlechten Taten einfach als Kbrma bezeichnen, erfaßt den Begriff dann allerdings nur in einem rohen und sehr vereinfachten Sinn, denn es heißt dann ungefähr: Wenn man in diesem Leben mit Leiden, Übeln und Sorgen belastet ist, so kommt das daher, daß man in früheren Lebensperioden viel Schlechtes getan hat, wofür man jetzt zu leiden und zu büßen hat. Gleichzeitig ist aber den Betreffenden die Aufgabe gestellt und die Möglichkeit geboten, durch gute Taten die Voraussetzung für ein späteres glückliches Dasein zu schaffen.

Angesichts irgendeines Schicksalsschlages drückt der Volksmund die zugrundeliegende Weltanschauung treffend durch den Satz aus: „Das ist eben mein Karma". „Karma" läßt sich also auch als „Bestimmung" definieren, wohingegen „Kismet" als „Vorbestimmung" erklärt werden kann. Die „Bestimmung" richtet sich nach den vom einzelnen Menschen unter bestimmten Umständen und gegenüber bestimmten Widerständen, aber in freier Willensentscheidung vollbrachten Taten. Die „Vorbestimmung" dagegen läßt dem Menschen keinen freien oder nur sehr beschränkten Spielraum. Was vorbestimmt ist, muß sich eben ereignen, ob man es will oder nicht. Das ist nicht „Karma", sondern „Kismet".

Dem Europäer werden beide Begriffe deutlicher, wenn man „Karma" als Determinismus und „Kismet" als Fatalismus bezeichnet.

Unter den deutschen Philosophen ist Schopenhauer ein Determinist. So begreifen wir, weshalb er die nachfolgenden Verse aus Schillers „Wallenstein" so besonders hoch geschätzt hat.

– Des Menschen Taten und Gedanken, wißt!
Sind nicht wie Meeres blind bewegte Wellen.
Die innere Welt, sein Mikrokosmos, ist
Der tiefe Schacht, aus dem sie ewig quellen.
Sie sind notwendig, wie des Baumes Frucht,
Sie kann der Zufall gaukelnd nicht verwandeln.
Hab ich des Menschen Kern erst untersucht,
So weiß ich auch sein Wollen und sein Handeln.

Für „Kern" lese man „Karma", und man begreift genauer, was „Karma" bedeutet.

Und ähnlich hat Friedrich Nietsche sich ausgedrückt, wenn er an den „Unbekannten Gott" ein Gebet richtet:

Darauf erglüht tiefeingeschrieben
Das Wort: dem unbekannten Gotte.
Sein bin ich, ob ich in der Frevler Rotte
Auch bis zur Stunde bin geblieben:
Sein bin ich – und ich fühl' die Schlingen,
Die mich im Kampf darniederziehn
und, mag ich fliehn,
Mich doch zu seinem Dienste zwingen.
Ich will Dich kennen, Unbekannter,
Du tief in meine Seele Greifender,
Mein Leben wie ein Sturm Durchschweifender,
Du Unfaßbarer, mir Verwandter!
Ich will dich kennen, selbst Dir dienen.

Die letzte Zeile spricht aufs deutlichste Gandhis Weltanschauung und Lebensaufgabe aus und spiegelt im besonderen sein Karma-Trägertum wider. Wir begreifen, wie hoch er selbst dieses Gedicht Nietzsches hätte schätzen können.

Alle religiösen, ethischen, ja allgemeinmenschlichen Gedanken und Erörterungen sind bei Gandhi, wie wir später noch sehen werden, aufs stärkste gefühlsbetont. Wollte man an ihn die Frage richten, wie er sich Gott in seiner Erscheinung und in seinem Walten vorstellt, so würde er mit den berühmten Versen aus Goethes „Faust" antworten:

Wer darf ihn nennen?
Und wer bekennen:
Ich glaub' ihn . . .
Der Allumfasser,
Der Allerhalter,
Faßt und erhält er nicht
Dich, mich, sich selbst? . . .
Erfüll davon dein Herz, so groß es ist,
Und wenn du ganz in dem Gefühle selig bist,
Nenn es dann, wie du willst,
Nenn's Glück! Herz! Liebe! Gott!
Ich habe keinen Namen
Dafür! Gefühl ist alles!

In einer anderen Hinsicht noch steht Gandhi gefühlsmäßig gerade Goethe sehr nahe. Er ist erfüllt von Bewunderung von der großen Ordnung und Planmäßigkeit des Universums, und wo sich ihm dazu Gelegenheit bietet, in seinen Prarthmas, den Morgen- und Abendgebeten, ebenso aber in seinen Schriften, betont er immer wieder mit dem großen deutschen Dichter:

Nach ewigen ehrnen
Großen Gesetzen
Müssen wir alle
Unseres Daseins
Krise vollenden

und solange wir auf Erden wandeln müssen, können wir das Göttliche nicht begreifen, sondern nur ahnen. Diese „Ahnung" ist für den Inder von der allergrößten Bedeutung. Ihm stehen ja nicht wie dem Christen für seine seelischen Bedürfnisse eine Menge von Offenbarungs- und Erbauungsschriften, dazu ein reich entwickeltes religiöses Gemeinschaftsleben und vielfältige Gemeinschaftsdisziplinen in Kirche und Betsaal zur Verfügung. All dies hat Gandhi während der drei Jahre seines Aufenthalts in Europa zur Genüge kennengelernt und in seiner Bedeutung voll erfaßt. Er hat sich bemüht, soweit er als Einzelperson hier wirken konnte, vielen ein Wegweiser und eine Leuchte auf dem Weg zu einem höheren Leben zu sein, war sich im übrigen aber bewußt, daß der fromme Inder es in dieser Beziehung viel schwerer hat als der fromme Christ, daß er, wenn er das religiöse Erlebnis sucht, wenn er in ein unmittelbares, persönliches Verhältnis zu seinem Schöpfer treten will, sich auf keinen Seelsorger, Prediger, Asketen oder Philosophen stützten kann, sondern letzten Endes, nur auf sich allein gestellt, den Weg finden und gehen muß. Und worum er im Gebet, in der Auseinandersetzung mit Gott ringt, ist ja nicht die persönliche Errettung oder Erlösung, Begriffe bzw. Zielsetzungen, die dem Inder fremd sein müssen, weil ihm der Begriff der Erbsünde und damit der Sünde im christlichen Sinn fremd ist. Ihm geht es im Gebet wie bei der religiösen Erbauung immer um die Selbsterziehung, die Selbstdisziplin.

Aber ganz hilflos und ungerüstet ist der Inder in diesen Dingen nicht, denn die Systematik oder Technik dieser Selbstdisziplin wird ihm in einer Überlieferung, die für ihn den Rang einer Heiligen Schrift einnimmt, mitgeteilt. Es ist jener Dialog, jenes Herrenlied oder Gesang des Herrn, der sich in dem ältesten Epos der Inder, dem sogenannten „Mahabharata", eingeschaltet findet. Mahabharata bedeutet die Bruderschlacht auf dem Blachfeld von Kurukschetra in Nordindien nahe dem heutigen Delhi. Am Vorabend der Schlacht fährt der Führer des Heeres in seinem Kriegswagen dicht vor die gegenüberstehenden feindlichen Heeressäulen, und bei ihrem Anblick wird er von Schauder und Entsetzen ergriffen angesichts der Erkenntnis, daß er selbst und seine Kampfgenossen im Begriff stehen, so viele tapfere und nahverwandte Krieger auf der anderen Seite zu töten bzw. von ihnen getötet zu werden. Er bittet den Lenker des Kriegswagens um Rat. Dieser aber ist eben der Herrgott selbst, der nun zu Worte kommt und die ganze Karmalehre in ungereimten, aber hochpoetischen und rhythmischen Strophen verkündet.

Dem Inder ist dieser Gesang des Herrn das Einmaleins, die Grundlage seines ethischen Denkens und Empfindens, dem Europäer bleibt er inhaltlich wie formal schwer zugänglich. Nicht, als ob es an Übersetzern gefehlt hätte, im Gegenteil; aber mit Verstand allein ist hier nicht auszukommen, auf das Herz kommt es an. Gandhi ist sich dessen gegenüber seinen europäischen Zuhörern immer eingedenk gewesen und hat von 1889 bis 1948 nie den Versuch gemacht, seinen zahllosen europäischen Freunden, Kritikern, Interviewern dieses Lied vorzutragen oder verständlich zu machen. Und wenn diese seine Meinung, daß der „Gesang des Herrn", auch Gita genannt, nur den Indern vorbehalten bleiben soll, noch einer besonderen Bekundung seitens Gandhis bedurft hätte, so ist sie durch die Tatsache gegeben, daß er, der als Schriftsteller, Redakteur, Journalist, ja auch als Übersetzer, das Englische meisterhaft beherrschte und bevorzugte, seinen berühmten Kommentar des genannten Liedes nicht in Englisch, sondern in Hindi verfaßte.

Frau Anne Besant, die geschiedene Frau eines irischen Pfarrers, hat wie kein anderer, man kann sagen mit Herz und Seele, versucht, in den Geist des Gita-Liedes einzudringen und nach seinen Forderungen zu leben. Sie hat auf diesem Grunde eine neue Weltanschauung, halb Philosophie, halb Religion, zu begründen unternommen. Ja, sie hat sich die indische Sache so zu eigen gemacht, daß sie auch politisch für die Ziele und Bestrebungen Gandhis eintrat, mit dem Ergebnis, daß sie wie er zum Märtyrer für Indien wurde, wo man sie 1917 verhaftet und lange Zeit in Haft hielt. Aber selbst von ihr gilt, daß sie in dem Gesang des Herrn wohl eine tiefe religiöse Befriedigung, aber nicht die letzte Erfüllung ihrer Sehnsucht gefunden hat, daß er ihr also im letzten Grunde wesensfremd geblieben ist.

Es ist einfach unmöglich, diesen Gesang für den Europäer so zu übersetzen, daß die herrlichen Akkorde der Liebe sich seinem Herzen wirklich mitteilen. Alle vorliegenden Übertragungen – es gibt natürlich zahlreiche – sind als verfehlt, zum mindestens aber als unzureichend zu beurteilen.

Das letzte Ziel des Gesanges, so wie ihn auch Gandhi aufgefaßt hat, ist es, durch gewisse Disziplinen eine Zucht der Sinne, eine Steigerung der Karma-Bereitschaft und dadurch letzten Endes einen Ruhestand der Seele zu erreichen.

Wir werden im nächsten Kapitel erkennen, wie Gandhis Wesen und Sendung sich nach der Gita-Lehre geformt haben.

IV

Gandhis Sein und Wesen

Gandhi hat uns keine abgeschlossene Autobiographie hinterlassen, darum besitzen wir auch kein zusammenhängendes Bild seiner Persönlichkeit aus seiner eigenen Feder. Aus seiner Autobiographie erfahren wir aber mancherlei auch aus seinem inneren Erleben und erhalten Aufschlüsse über Art und Ziel seines Strebens. Dazu kommen die zahlreichen von ihm selbst verfaßten Artikel in den von ihm herausgegebenen Zeitschriften „Young India" und „Harijan", ferner die schriftlichen Äußerungen seines Jüngers, Sekretärs und Eremitagegenossen Mahadeo Desai, den wir als seinen treuen Eckermann bezeichnen können, der seine Treue übrigens auch dadurch unter Beweis gestellt hat, daß er als Freund Gandhis sein Leben im Gefängnis aushauchte.

Hören wir, was Gandhi im „Harijan" vom 30. 5. 40 über sich selbst sagt: „Ich bin ein dem Irrtum ausgesetzter Mensch wie ihr. Ich habe mir niemals eingebildet, ein maha-atma (magna anima, große Seele) zu sein; ganz im Gegenteil halte ich mich für einen „alpaatma", einen kleinen, schwächlichen Menschen. Im Angesicht des Schöpfers sind wir alle gleich und Ebenbilder eines einzigen Gottes." Und schon viel früher, im „Young India" v. 17. 3. 27, heißt es: „Den

Mahatma muß ich dem Schicksal überlassen. Gott sei Dank, habe ich mich nie durch die viel gepriesene Mahatmawürde und Abgötterei betören lassen. Ob ich wirklich ein Mahatma bin, das weiß ich nicht. Nach meinem Empfinden zähle ich zu den bescheidensten und demütigsten Geschöpfen Gottes. Aber, und unglücklicherweise, je entschiedener ich die Bezeichnung „Mahatma" ablehne, um so häufiger wird sie gebraucht. (Y. I. 17. 10. 31). . . . Mein sogenanntes Mahatmatum ist wertlos. Ich verdanke es meiner politischen Tätigkeit, die den winzigsten Teil meines Wollens umfaßt. Was an mir Wert hat und von Bestand bleiben wird, ist meine immer erneuerte Forderung und Betonung der Wahrheit, der Gewaltlosigkeit, der Askese, der Selbstentäußerung, der Enthaltsamkeit. Darin sehe man mein wahres Wesen. Darin liegt das Bleibende meiner Lehre, vielleicht ein kleines, aber nicht zu verachtendes Ziel. Auch Mißerfolge und Enttäuschungen auf dem Wege dahin bringen uns ihm stets einen Schritt näher." (Y. I. 2. 12. 44.)

„Was meine Führerschaft angeht, so halte ich sie inne. Ich habe nicht danach gestrebt, vielmehr ist sie mir zugefallen als das Ergebnis getreuer Dienstleistung. Man kann eine derartige Führerschaft ebenso wenig ablehnen und wegwerfen wie die Farbe der eigenen Haut. Und da ich so zu einem wesentlichen Teil der Nation geworden bin, so muß man mich beibehalten, behaftet mjt allen meinen Fehlern und Mängeln, deren ich mir zum Teil aufs schmerzlichste bewußt bin, und die mir aufrichtige Kritiker, Gott sei

Dank, ins Gedächtnis zurückrufen.“ (Y. I. 13. 2. 30.)

„Was ich geschrieben habe, soll mit meinem Leichnam verbrannt werden. Was ich geleistet und geschaffen habe, das hat Dauer, nicht aber, was ich geschrieben und gesprochen habe . . . Neulich habe ich öfters bemerken müssen, daß, falls alle unsere heiligen Schriften verbrannt würden, allein der ‚mantram Ishapani' (heiliger Spruch) ausreichend wäre, den Kern des Hinduismus zu erklären und zu verkündigen. Diese einzige Zeile gestattet es, das Menschenleben richtig auszurichten. So sind meine Schriften und Sprüche nur insoweit wert und nützlich, als man daraus die Grundsätze der ‚ahimsa' (Gewaltlosigkeit) herleiten kann. Das sage ich euch als Satyagrahi (Wahrheitskämpfer), der zu jedem Wort davon steht.“ (H. 1. 5. 32.)

„Es ist mir ein Zeitungsabschnitt zu Gesicht gekommen, in dem berichtet wird, daß ich ein Gottloser und es fraglich sei, ob ich eine bestimmte Erleuchtung besäße. Das ist die allerschlimmste Beschuldigung, gegen die ich Verwahrung einlege. Ich bin wie jeder fromme Hindu. Ich glaube, daß wir alle zu Himmelsboten werden können, wenn wir aufhören, Menschen zu fürchten, und nur nach der Wahrheit Gottes suchen. Ich nehme für mich keine besondere Offenbarung des Willens Gottes in Anspruch. In mir ist der feste Glaube, daß Gott sich tagtäglich jedem Menschen offenbart. Wir aber machen die Ohren zu, wenn seine leise heilige Stimme ertönt. Wir schließen die Augen vor der Feuersäule, die vor uns auflodert. Ich bekenne mich freudig dazu, daß Gott mich leitet und umfaßt, und es steht den anderen frei, das gleiche zu tun." (Y. I. 25. 5. 21.)

„Ich sehe nichts Außergewöhnliches oder Göttliches in mir und erhebe keinen Anspruch auf ein Prophetentum. Ich bin nur ein demütiger Sucher nach der Wahrheit, der alles daran setzt, sie ausfindig zu machen. Es dünkt mich kein Opfer zu schwer, das Angesicht Gottes zu sehen. All mein Tun, ob sozial, politisch, ehtisch, menschenfreundlich, ist auf jenes Ziel gerichtet. Und da ich weiß, daß Gott häufiger unter den niedrigsten seiner Geschöpfe zu finden ist, bin ich bestrebt, ihn dort zu suchen . . . Deshalb diene ich gerade den unterdrückten Klassen des Volkes gerne, und da ich solchen Dienst nicht leisten kann, ohne mich in die Politik zu begeben, so muß ich mich auch damit befassen. Aber nicht als Herr, sondern als eifriger, demütiger Diener Indiens und den Blick auf die All-Menschheit gerichtet. Es gibt schon genug Aberglauben in unserem Land. Es muß versucht werden, einer an Aberglauben grenzenden Gandhi-Schwärmerei, wo immer sie auftaucht, Halt zu gebieten. Persönlich fürchte ich mich und erschrecke vor jeder Abgötterei. Man soll die Tugenden preisen und verehren, nicht diejenigen, die sie ausüben. Das mag nach dem Tod geschehen, aber nicht, solange sie in der zerbrechlichen Hülle des Körpers stecken." Diese Selbstzeugnisse sprechen für sich.

Einer der Zentralbegriffe, um die es sich für Gandhi

immer wieder handelt, ist der der „Satya“, der Wahrheit. „Satya“ ist von „sat“ = „sein“ abgeleitet. Es gibt in Wirklichkeit nichts Bestehendes oder Seiendes außer der Wahrheit. Deshalb wird „sat“ auch einfach als Bezeichnung der Gottheit gebraucht. Die Wahrheit ist die Grundlage alles Wissens, ohne sie gibt es überhaupt kein Wissen. Darum wird auch das Wort „chit“ = „Wissen“ mit dem Namen Gottes verbunden. Und wo wahres Wissen besteht, da herrscht die Freude „ananda“. Das Leid hat dort keinen Platz. Und wie Wahrheit ewig dauert, so auch die davon abgeleitete Freude. Daher verstehen wir Gott als „Sat Chit Ananda“ oder den Inbegriff von Wahrheit, Wissen und Freude.

Hingabe an die Wahrheit und damit an das Göttliche ist das einzige Ziel und der Zweck unseres irdischen Daseins, und auf sie soll all unser Tun und unser Streben ausgerichtet sein. Die Wahrheit soll, wie Gandhi sich ausdrückt, unser Lebensatem sein. Ist auf unserer Pilgerfahrt durchs Leben dieses Stadium erreicht, so werden alle anderen Lebensregeln mühelos zur Geltung kommen, und fast instinktiv werden wir ihnen gehorchen.

Aber wie kommen wir dieser Wahrheit näher, die dem Stein der Weisen ähnelt? Die Antwort, die die Bhagavad-Gita, der Gesang des Herrn, darauf gibt lautet: durch „Abhyas“, d. h. zielbewußte Ergebenheit und Gleichmut jedem anderen Lebensimpuls gegenüber. Bei dieser Wahrheitssuche mag es vorkommen, daß, was dem einen als wahr gilt, dem anderen als unwahr vorkommt. Das soll aber den Wahrheitssucher nicht betrügen und beunruhigen. Wo christliches Streben vorliegt, da dürfen ruhig im einzelnen verschiedene Auffassungen der Wahrheit gelten, verschieden wie die einzelnen zahllosen Blätter ein und desselben Baumes. Ist es denn nicht so, daß die Gottheit verschiedenen Individuen verschieden erscheint? Und dennoch wissen wir, daß Gott selbst nur einzig und einmalig ist. Und Wahrheit ist ja der eigentliche Name Gottes. Mithin ist nichts dagegen einzuwenden, wenn der einzelne der Wahrheit auf seinen eigenen Wegen nachgeht. Und begeht er bei solcher Wahrheitssuche einen Fehlgriff, so wird der Fehler von selbst wieder gutgemacht werden. Denn die Wahrheitssuche ist mit Tapas oder Selbstleiden verbunden – manchmal bis zum Tod. Da hat der Eigennutz keinen Raum. Bei solcher Suche nach der Wahrheit kann niemand auf lange Zeit in die Irre gehen. Nach wenigen Schritten auf dem falschen Weg stolpert man und kehrt von selbst zum rechten Pfad zurück. Deshalb bildet wahre Hingabe (bhakti) den Weg zur Wahrheit. Das ist der Talismann, durch den der Tod zur Himmelspforte wird." (Y. I. 30. 7. 31.)

„Der Weg der Wahrheit ist auch der Weg des Friedens. Die Lüge dagegen ist die Mutter der Gewaltsamkeit. Ein nach der Wahrheit strebender Mensch kann auf die Dauer nicht gewaltsam sein. Er wird auf seinem Weg bald erkennen, daß er die Gewalt überhaupt nicht benötigt, und er wird weiterhin entdekken, daß, solange die geringste Spur von Gewalttätigkeit in ihm steckt, seine Suche nach der Wahrheit ergebnislos bleiben wird.

Es gibt keinen Mittelweg zwischen Wahrheit und Gewaltlosigkeit einerseits und Unwahrheit und Gewalt andererseits. Es wird uns nicht glücken, vollständig nicht-gewaltsam in unserem Tun, Reden und Denken zu sein, aber wir müssen doch Gewaltlosigkeit als das Endziel betrachten und unablässig darauf hinschreiten. Die Erlangung der Freiheit für den Einzelmenschen, ein Volk oder die Welt muß im rechten Verhältnis zur Erlangung der Gewaltlosigkeit durch einen jeden stehen. Also mitten in dieser undurchdringlichen Finsternis müssen die an Gewaltlosigkeit Glaubenden die Lampe der Gewaltlosigkeit in hellem Brennen halten. Die Wahrheit von einigen wenigen wird von Gewicht sein, die Unwahrheit von Millionen wird wie Spreu vom Winde verweht werden". (Y. I. 20. 5. 25.)

Als die schlimmste Art der Unwahrheit und der Gewalt stellt Gandhi die Sklaverei dar. „Möchtet ihr erkennen, daß das Schicksal unseres geliebten Landes nicht in unserer, der Eltern, Hand liegt, sondern in den Händen unserer Kinder. Sollten wir nicht helfen, unsere Kinder vom Fluch der Sklaverei zu befreien, dieser Sklaverei, die uns zwang, auf dem Bauch zu kriechen? In unserem Elend fehlt es uns an der Kraft oder auch an dem Willen, das Joch abzuwerfen. Aber sollten wir nicht wenigstens die Weisheit haben, unseren Kindern diesen Fluch nicht noch als Erbschaft zu hinterlassen?" (Y. I. 3. 11. 20.)

„Ich habe mich allerdings der Gewaltlosigkeit verschrieben; hätte ich aber die Wahl zu treffen zwischen der Sklaverei und dem jammervollen Anblick von Mord und Chaos, so würde ich ohne Zögern lieber die tödlichen Auseinandersetzungen zwischen Hindus und Moslems als die vergoldete Sklaverei, unter der wir leben müssen, hinnehmen, denn, so meine ich, goldene Fesseln sind weit schlimmer als eiserne . . . Wenn schon Indien in Fesseln leben muß, so sollen es eiserne, nicht goldene sein". (Y. I. 16. 1. 30.)

Zehn Jahre später lehnte sich Gandhi noch heftiger gegen die Sklaverei auf. „Sklaverei unter Zwang? Ich weigere mich einfach, dem befehlenden Herrn zu gehorchen. Er mag mich töten, zermalmen, wenn er will. In diesem Fall wird er meinen leblosen Körper gewinnen, meinen Gehorsam aber nicht. Am Ende bin ich dann der Sieger, nicht er, denn ihm mißlang der Versuch, über mich nach seinem Willen zu verfügen."

An dieser Stelle müssen wir eine besondere Art von Unwahrheit und Sklaverei ins Auge fassen, gegen die Gandhi auf seine Weise leidenschaftlich gekämpft hat, das Kastensystem und die Unberührbarkeit. Aber gerade dieser Kampf hat ihm viel Gegnerschaft und Mißverstehen selbst in den eigenen Reihen eingetragen. Wir führen wieder bezeichnende Stellen aus seinen Reden und Schriften an, ohne uns an die zeitliche Reihenfolge zu halten.

In „Young India" vom 22. 9. 27 heißt es: „Eine gute Freundin schreibt mir: ‚In einer Ortschaft, wo der ganze Bahnhof von Bahnsteig zu Bahnsteig mit säbelrasselnden Soldaten angefüllt war, deren Umgebung selbst noch Erinnerungen an die durch die tapfere Kriegerkaste Indiens vollbrachten Heldentaten wachrief, war Ihre Botschaft und Aufforderung zu lesen, das Schwert durch das Spinnrad zu ersetzen, Ihre Kaste gleichsam maßgebend für alle Kasten zu machen. Mußte das nicht geradezu absurd und lächerlich wirken? Hätte Ihr Aufruf nicht besser so gelautet: Brahmin (Priester), bemühe dich, ein besserer Priester zu werden! Kahattrya (Krieger), sei ein noch besserer Krieger! Vaishya (Geschäftsmann), werde noch tüchtiger in deinem Geschäft! Das Wappen des Brahmanen ist die Feder, das des Kriegers das Schwert, das des Geschäftsmannes das Rad. Sie mögen stolz darauf sein, sich als Weber oder auch als Bauer zu betätigen, da Sie sich dadurch auch den Bestrebungen Ihrer Kaste förderlich erweisen. Aber warum wollen Sie, die Sie treu zu Ihrer eigenen Kaste halten, die Kaste des Priesters oder des Kriegers entehren, indem Sie darauf bestehen, daß diese die Kaste der Vaishyas annehmen? Kann und muß der Krieger nicht auch in diesen Tagen noch den Armen und Bedrängten seine Hilfe angedeihen lassen? Die großen Männer Indiens haben immer für jede Einzelkaste das Eigendharma (Eigenglauben) gepredigt. Sie sind der erste dieses Ranges, der verlangt, daß man die Dharmen aller Volksschichten in ein und denselben Schmelzofen werfe und dadurch die ganze Nation verweichliche. Erheben Sie die Vaishyas mit allen

Mitteln, wenn Sie es für gut erachten, aber ziehen Sie nicht die Brahmanen und die Krieger herunter! Spiritualisieren Sie Ihre Kastenbrüder, aber materialisieren Sie nicht die Menschen anderer Kasten durch die Magie Ihrer Persönlichkeit, um sie zu Spinnern und Webern umzuwerten. Meiner Meinung nach haben Ihre Jünger Vinoba und Bolkoba als reine Brahmanen dem Volk weit wirksamer dienen können, als die von Ihnen umgearteten Geistesweber . . .'

Ich habe die wesentlichen Auszüge aus dem Briefe wiedergegeben. Die Freundin ist eine geborene Hindu und gehört zum Hindutum wie ich. Da ich nun das Spinnen als allen sektiererischen Religionsübungen überlegen preise, hatte ich gehofft, daß gebildete Freunde mich nicht mißverstehen würden. Aber die Freundin teilt mir mit, sie sei nicht die einzige, die sich gegen das Spinnrad sträube. Da muß ich sie und all ihre Gesinnungsgenossen zunächst darauf hinweisen, daß meine Spinnradbotschaft nicht, wie man angenommen hat, bloß den Hindus, sondern ausnahmslos allen Indern, also auch den Moslems, Parsis, Christen, Juden und Sikhisten gilt. So werden sie vielleicht zu dem Schluß gelangen, daß das, was ich von dem indischen Volke verlange, nicht nur mit den verschiedenen Religionen Indiens nicht in Konflikt gerät, sondern im Gegenteil den einzelnen Religionen und im Rahmen des Hinduismus auch den einzelnen Kasten einen neuen Glanz verleiht. Darum behaupte ich, daß meine Methode die Menschen nicht zu verwirren, sondern im Gegenteil zu läutern sucht. Von niemandem verlange ich, sein Erbdharma (Beruf) aufzugeben, sondern das Spinnen soll den üblichen Beschäftigungen hinzugefügt werden. Dies wußten die Krieger Kathiawads, die von mir sich bestätigen ließen, sie brauchten nicht auf das Schwert Verzicht zu leisten. Ich sagte ihnen, daß ich sogar verlange, ein jeder von ihnen solle ein zuverlässiges Schwert besitzen, so lange er daran glaube. Allerdings habe ich auch gesagt, derjenige, der ohne eigenes Schwert und ohne selbst zu töten, auf seinem Posten falle, erscheine mir als der ideale Krieger. Das Schwert kann jemand durch Entwaffnung verlieren, nicht aber die Tapferkeit, mit der man stirbt, ohne selbst zu schlagen. Niemals habe ich daran gedacht, die Krieger aufzufordern, sie sollten ihrer Pflicht, die Schwachen zu verteidigen, untreu werden. Noch weniger ist es mir eingefallen zu fordern, die Brahmanen sollten ihre Lehrkanzel verlassen. Ihnen habe ich allerdings nahegelegt, daß das opferwillige Spinnen noch bessere Lehrer aus ihnen machen werde ... Brahmane heißt jemand, der Gott kennt. Göttliche Erfahrung ist nicht in Büchern zu finden. Man muß sie in sich selbst verwirklichen. Bücher sind dazu im besten Fall eine Hilfe, manchmal aber auch ein Hindernis ... Ein gelehrter Brahmane kann die wahre Weisheit Gottes von einem wirklich gottesfürchtigen Schlächter lernen ... Vergessen wir nie, daß mit der übrigen Welt sich auch Indien in den tödlichen Klauen der merkantilistischen Hydra befindet. Es ist ein Volk geschäftsführender Soldaten, das uns beherrschen will. Indien wird all seiner besten Brahmanen bedürfen, um sich davon freizumachen. Seine Gelehrten und Soldaten werden all ihr Wissen und Können auf die Handelsbedürfnisse des Landes einstellen müssen. Darum müssen sie, um ihre Dharmapflicht getreu zu erfüllen, das Spinnen lernen und üben . . . Gerade wie Essen, Trinken, Schlafen allen Kasten und Religionen gemeinsam sind, so muß auch das Spinnen ausnahmslos als Gemeinschaftssache gelten, solange die gegenwärtige Sittenverwilderung und Selbstsucht, sowie die daraus sich ergebende allgemeine Verarmung andauern. Mithin soll meine Methode nicht die bestehende Kastengliederung und -schichtung erschüttern, sondern deren Läuterung herbeiführen."

Hierhin gehört auch Gandhis Stellungnahme zu dem das Volksleben in Indien so vielfältig und ungemein ungünstig beeinflussenden Gegensatz zwischen Brahmanen und Nichtbrahmanen. In der Rede in Cuddalore (Südindien) sagt er dazu unter anderem:

„Beiden Parteien, die sich an mich gewandt haben, unterbreite ich je einen idealen Vorschlag. Den Brahmanen möchte ich also sagen: Da ihr Träger und Vermittler des Wissens sowie Vertreter des Opfergeistes sein sollt und euch freiwillig ein Bettlerdasein ausgesucht habt, so überlaßt doch dem Nichtbrahmanen alles, was er nur will, und seid mit dem zufrieden, was übrig bleibt. Aber ich weiß im voraus, die heutigen Brahmanen werden mich, den Nichtbrahmanen, als Deuter ihrer Dharma ohne weiteres ablehnen. Den Nichtbrahmanen aber sage ich: Da ihr so zahlreich und wohlhabend geworden seid, warum haltet ihr euch nicht ruhig? Schafft euch nicht eine neue „Unberührbarkeit", wo ihr doch gegen die alte eingestellt seid. In eurem Übereifer, eurer Blindheit, eurer Wut gegen die Brahmanen geht ihr daran, unsere uralte, ererbte Kultur zu zertreten. Unzufrieden, und mit Recht unzufrieden, mit der äußeren Hülle des Hinduismus, seid ihr im Begriff, mit dieser Hülle auch den Kern, d. h. das Leben zu vernichten. In eurer Ungeduld meint ihr, es sei gar nichts zugunsten Varnashramas (Kastengliederung) mehr zu sagen . . . Laßt euch nicht beirren. Diejenigen, die so etwas behaupten, haben sich nicht einmal die Mühe gegeben, meine Varnashrama-Deutung zu verstehen.

Meine Varnashrama gestattet mir, mit jedwedem zu essen, der reines Essen bietet, Hindu, Moslem, Christ oder wer sonst es sei. Meine Auffassung der Varnashrama läßt mich die Tochter eines Paria wie die eigene unterbringen und macht es mir zur besonderen Freude, mit Pariafamilien die Mahlzeiten einzunehmen. Sie verbietet mir, das Haupt vor den indischen Machthabern zu beugen, indessen gebietet sie mir, in aller Demut vor dem rechten Wissen, der Reinheit, vor jedem, in dem ich etwas Göttliches erblicke, mich zu verneigen. Empört euch, wenn ihr wollt, gegen die Brahmanen, aber niemals gegen den Brahmanismus!"

Durch die Wirkung Gandhis hat sich die Spannung zwischen Brahmanen und Nichtbrahmanen im Laufe der Zeit sehr gemildert. Die neue Lage wird dadurch gekennzeichnet, daß im strikten Gegensatz zu den früheren Zuständen heutzutage die Mehrzahl aller Ämter im Innen- und Außenministerium mit Nichtbrahmanen besetzt sind.

Wogegen Gandhi aber zeit seines Lebens am heftigsten angekämpft hat, das ist das Pariatum, die sogenannte „Unberührbarkeit". Auf diesem Gebiet hat er den entscheidendsten Sieg in seinem Ringen um ein neues Indien davongetragen. Damit hat er die durch die Besatzungsmacht und ihre moslemitischen Trabanten geplante Zersetzung und Zerstückelung eines einheitlichen Hinduismus zunichte gemacht. Durch seine Predigten, Schriften, Presseartikel und sein eigenes Beispiel hat er hier eine aufklärerische und erzieherische Aufgabe ersten Ranges geleistet. Hören wir ihn selbst:

„Eine Religion, welche die Kuh für heilig erklärt, kann unmöglich die Boykottierung von Menschen gestatten. Und ich würde mich lieber in Stücke reißen lassen, als daß ich die unterdrückten Klassen im Stich ließe. Die Hindus werden die Freiheit nie verdienen noch bekommen, wenn sie ihre erhabene Religion durch die Fortdauer der „Unberührbarkeit" beflecken lassen. Und da ich den Hinduismus höher als das Leben selbst achte und schätze, ist dieser Fleck mir geradezu zu einer unerträglichen Qual geworden. Wir wollen nicht der Gottheit entgegentreten, indem wir einem Fünftel der Gesamtmasse unseres Volkes das Recht zum ebenbürtigen Abschluß absprechen". (Y. I. 29. 9. 20.)

„Wenn ich also bereitwilligst die Einteilung der

Inder in vier Hauptkasten anerkenne, so halte ich die „Unberührbarkeit“ für ein schweres Verbrechen an der Menschheit . . . Sie ist eine Sünde, und je schneller der Hinduismus sich davon befreit, desto besser für ihn, wenn er als eine erhabene Religion geachtet und anerkannt werden will . . . Ich erkenne keinerlei Beweisführung zu ihrer Beibehaltung an, und ich zögere nicht, die zur Stütze dieses sündenvollen Systems aus den heiligen Schriften angeführten Belege zweifelhaften Charakters abzulehnen. Ja, ich werde in dieser Sache alle dem Herzen und der Vernunft widerstrebenden Autoritäten ablehnen. Eine Autorität, die von der Vernunft geregelt wird, beschützt und adelt die Schwachen; entbehrt sie aber der Vernunft, so wird sie diese nur niederdrücken und entwürdigen.“ (Y. I. 8. 1. 20.)

„Die „Unberührbarkeit“ ist die Sünde der Hindus, sie müssen dafür leiden, um sich davon zu reinigen; sie müssen an ihren unterdrückten Brüdern wieder gutmachen, was diese gelitten haben . . . Das schweigende mitfühlende Leiden eines einzigen reinen Hindus wird genügen, Millionen Hindus das Herz zu erweichen, während das Leiden von Tausenden von Nichthindus zugunsten der „Unberührbaren“ die Hindus ungerührt lassen würde.“ (Y. I. 15. 1. 24)

„Manche aufrichtigen und sonst edel denkenden Inder halten die „Unberührbarkeit“ für einen Bestandteil des indischen Religionsbekenntnisses . . . Wenn das wahr wäre, so würde ich mich weigern, mich Hindu zu nennen, und mich entschließen, irgendeine andere Religion anzunehmen, die meinem Streben Genüge täte. Aber zum Glück halte ich die „Unberührbarkeit“ nicht für einen Wesenszug des Hinduismus; im Gegenteil ist sie ein Schandfleck an ihm, den jeder seiner Anhänger unter Einsatz des eigenen Lebens beseitigen muß.“ (Y. I. 20. 10. 27.)

„Bedenkt wohl, daß alle großen Weltreligionen sich gegenwärtig in der Bewährungsprobe befinden. Laßt uns nicht wie der Vogel Strauß den Kopf in den Sand stecken, damit wir die in unserem Rücken lauernde Gefahr nicht erkennen! Ich hege nicht den geringsten Zweifel daran, daß in diesem großen jetzt stattfindenden Umbruch entweder die „Unberührbarkeit“ zugrunde geht oder aber der Hinduismus verschwindet. Aber ich weiß, daß der letztere nicht im Sterben liegt, weil ich erkenne, daß die „Unberührbarkeit“ wie ein Sterbender in Todeszuckungen sich nicht länger halten kann.“ (Y. I. 20. 10. 27.)

„Daß es in diesem Zeitalter der Vernunft, des weiten Reisens, des vergleichenden Studiums der Religionen noch Leute, darunter sogar Gebildete gibt, die meinen, sie dürften bestimmte Menschen aus Gründen der Geburt nicht berühren, ihnen nicht nahekommen, sie nicht einmal ansehen, erscheint mir unbegreiflich. Laßt mich euch sagen, daß ich nirgends eine Autorität oder eine überzeugende Beweisführung für diese furchtbare „Unberührbarkeit“ gefunden habe. Wir wollen uns nicht vorgaukeln lassen, daß alles, was schwarz auf weiß in Sanskrit und in den heiligen Schriften geschrieben ist, irgendwelchen verpflichtenden Glauben von uns beanspruchen dürfe. Alles, was den grundlegenden Maximen der Moral und der offensichtlichen Vernunft widerstrebt, kann für uns keine Geltung haben, und sei es noch so alt. Diese eine Behauptung findet genügende Autorität in den Vedas, der Mahabharata, der Bhagavad-Gita." (Y. I. 20. 10. 27.)

„Mögen die Anwesenden zur Kenntnis nehmen, daß der Grund für unsere Unfähigkeit, die Freiheit (Swaraj) zu gewinnen, bisher darin gelegen hat, daß wir immer noch mit Sünden behaftet sind. Wenn die sogenannten ‚berührbaren' Hindus wahre Buße für die den ‚unberührbaren' Brüdern zugefügte Beleidigung leisteten, würde die Freiheit uns von selbst zufallen. Ich bitte aber zu beachten, daß ein einfaches Fallenlassen der ‚Unberührbarkeit' keine Buße bedeutet. Um sie wirklich abzuschaffen, muß man sämtliche auf der Geburt beruhenden Unterscheidungen von Überlegen- und Unterlegenheit wirklich aufgeben. Es entspricht einer allgemeinen Überzeugung, daß wir vor Gottes Augen alle eins und gleich sind, daß der Vater im Himmel alle Menschen mit der Waage echter Gerechtigkeit gewogen haben will." (Y. I. 6. 4. 31.)

Die Engländer haben den Versuch gemacht, das so brennende Problem der „Unberührbarkeit" durch die Zubilligung eines Sonderstimmrechtes an die Betroffenen zu lösen oder vielmehr dadurch die Lösung hinauszuschieben, bzw. den unhaltbaren Zustand zu verewigen. Kein Geringerer als Ramsay Macdonald hat sich, während er Premierminister war, mit seiner

Person dafür eingesetzt. Gandhi hat sich in deutlicher Erkenntnis der drohenden schweren Gefahr durch ein Dauerfasten dagegen aufgelehnt. In Worten lautet sein flammender Protest wie folgt: „Das Sonderstimmrecht für die ‚Unberührbaren' wird ihre Knechtschaft verewigen, denn nun werden die Muselmanen nie aufhören, sie als Nicht-Inder zu behandeln. Das Sonderstimmrecht wird das Brandmal verewigen. Was erforderlich ist, ist die Abschaffung des unheilvollen Unterschiedes zwischen den so anmaßend auftretenden ‚Überlegenen' und den ‚Unterlegenen'. Wenn ihr diesen so verhängnisvollen Unterschied fallenlaßt, für wen wollt ihr dann noch ein Sonderstimmrecht sichern? Gibt es in Europa ein Sonderstimmrecht für die Arbeiter oder für die Frauen? Vermittels des allgemeinen gleichen Stimmrechts sichert ihr den ‚Unberührbaren' die vollständige Freiheit, denn von da ab werden die stolzen, rechtgläubigen Hindus sie ihrer Stimme wegen umbuhlen müssen." (Y. I. 12. 11. 31.)

Es ist Mahatma Gandhi häufig vorgeworfen worden, er habe es seinem eigenen Volk gegenüber an einem klaren innerpolitischen und sozialen Programm fehlen lassen. So hat er es für richtig befunden, zu Anfang des zweiten Weltkrieges, dessen weitreichende Fogen für Indien er ahnte, seine grundsätzlichen Forderungen zusammenzufassen:

1. „Ohne völkische Einheit sind wir gelähmt, und eine gelähmte Nation kann nie die Freiheit erlangen.

2. Die ‚Unberührbarkeit' beseitigen, heißt die

,Unberührbaren' zu unseren Verwandten und Brüdern machen. Der diesbezügliche Reformator darf keine Klassentrennungen anerkennen. Er muß die ganze Welt als einen einzigen Tempel Gottes ansehen.

3. Der Alkoholiker kann nie vollständige Freiheit gewinnen, denn er hat sein moralisches Empfinden geschwächt.

4. Handspinnen und Weben sind die unabdingbaren Voraussetzungen jedes höheren, moralischen und sozialen Lebens.

5. Mit der Pflege von Handspinnen und Weben werden auch andere dörfliche Gewerbe und Betriebe zum Aufblühen gelangen. Die Rettung und das Gedeihen Indiens hängen vom Wiedererstehen des Dorfes und seiner Kultur ab.

6. Die notwendige Erziehung von vielen Millionen Indern ist nach den gekennzeichneten neuen Methoden möglich. Die Erziehung der Erwachsenen wird der ,basic education' (Elementarunterricht) naturgemäß folgen. Dabei wird das Kind in vielem selbst zum Erzieher der Eltern.

7. Die Frau ist dem Mann gleichgestellt. So lange sie nicht die gleichen Rechte genießt, so lange die Geburt einer Tochter nicht ebenso begrüßt wird wie die des Sohnes, so lange muß ganz Indien im Zustand einer inneren Lähmung verharren.

8. Ein ungesundes Volk kann nie Selbständigkeit erlangen. Mithin soll man die Gesundheit des Volkes über alles pflegen. Jeder Dorfarbeiter soll die Kenntnis der Grundsätze der Gesundheitslehre besitzen.

9. Ohne eine gemeinsame nationale Sprache kann keine Nation entstehen. Unsere Vorliebe für die englische Sprache hat uns der eigenen Sprache gegenüber treulos gemacht.

10. Die wirtschaftliche Gleichheit ist notwendig, ohne sie wird der ganze Bau auf Sand errichtet sein. Das will nicht heißen, daß ein jeder die gleiche Menge an Erdengütern besitzen soll, wohl aber ist schlechterdings zu fordern, daß einem jeden Haus, Essen, Kleidung ausreichend zugesichert werden." (Harijan 18. 8. 40.)

Damit sind die Hauptpunkte, die Kampfziele in Gandhis Reformprogramm wiedergegeben. Es fragt sich jetzt, welches sind die Kampfmittel, die er zur Anwendung bringt und seinen Anhängern empfiehlt? Er könnte auf diese Frage mit Faust antworten: „Ich quälte mich mit Beten und Fasten". Über das Wesen und die Wirksamkeit beider Mittel hat er sich oft geäußert:

„Beten heißt nichts begehren. Es ist ein Sehnen der Seele, eine tagtäglich erneuerte Erkenntnis der menschlichen Schwäche und Nichtigkeit. Dagegen werden wir felsenstark, wenn wir in Wahrheit behaupten können, daß wir nur für Gott und seine Pläne arbeiten. Dann wird alles um uns herum tageshell. Die Vergänglichkeit ist dann nur noch ein Schein. Tod und Verderbnis haben dann und nur dann keine Wirklichkeit mehr für uns; sie stellen nur einen Übergang oder eine Verwandlung dar. Der Künstler zerschlägt das eine Kunstwerk, um ein anderes zu schaffen. Der Uhrmacher ersetzt eine schlechte Feder in der Uhr durch eine neue und bessere . . . Das gemeinsame Gebet ist etwas Mächtiges. Was wir einzeln nicht vermögen, vermögen wir in der Gemeinschaft . . . Manche, die als Knaben vielleicht Spötter waren, sind in der Folgezeit Anhänger und Befürworter des wirkungsvollen Gemeinschaftsgebetes geworden. Alle, die sich in Kirchen, Tempeln oder Moscheen zum gemeinsamen Beten versammelten, sind keine Frevler oder Schwindler. Ihnen ist meist das gemeinschaftliche Gebet eine Lebensnotwendigkeit wie das tägliche Baden." (Y. I. 23. 9. 26.)

„Ein Student hat mich gefragt, auf welche Weise und wie lange er am besten beten solle. Im Gebet will sich das Menschenherz mit dem Schöpfer vereinen und seinen Segen erflehen. Die Hauptsache dabei ist die innere Anteilnahme, nicht das gesprochene oder das gemurmelte Wort. Aber öfters hat die Verwendung von frommen, aus alten Zeiten herrührenden Worten dabei eine Wirksamkeit, welche bei der Übertragung in die Muttersprache verlorengeht. Darum sollte man die uralten Sanskritverse als Gebete beibehalten. Daß man sie richtig verstehen muß, ist selbstverständlich . . . Die Dauer der Andachtsübung kann nicht festgelegt werden. Es kommt auf die Veranlassung und das Anliegen des einzelnen an. Die Gebetsübungen machen die schönsten und glücklichsten Momente des Alltagslebens aus. Sie tragen dazu bei, uns innerlich zu beruhigen, zu erheben und zu belehren, daß uns wider des Herrn Willen nichts geschieht.

Dem einen mag dazu eine Minute am Tag genügen, dem anderen werden vierundzwanzig Stunden zu wenig sein. Allen denen, die sich der Gottheit nahe fühlen, ist die Tagesarbeit selbst ein Gebet. Für den Durchschnittsmenschen hat jede Religion bestimmte Betzeiten als Normalforderung festgelegt. Leider ist gerade dadurch das Beten oft rein mechanisch, wenn nicht gar heuchlerisch geworden." (Y. I. 10. 6. 26.)

„Beginnt den Tag mit einem Gebet, inbrünstig genug, euch bis zum Tagesende mit dem Gedanken an Gott zu erfüllen. Beschließt den Tagesablauf mit dem Gebet um eine friedliche, traumfreie, sorgenfreie Nachtruhe. Kümmert euch nicht um die Gebetsform, jedwede Form wird euch mit eurem Schöpfer in Berührung bringen. Nur eins: Laßt den Geist nicht ins Weite schweifen, während die Lippen nur äußerlich Worte lallen.

Das Beten hat mir Leben und Gesundheit bewahrt. Ohne dies wäre ich längst ins Irrenhaus gewandert. Aus meinem Leben ist euch bekannt, wieviel Bitterkeit mir zuteil geworden ist. Nur die Gebetsübung hat mich davor gehütet, in Verzweiflung zu verfallen, und mir gestattet, allem gegenüber Fassung zu zeigen . . . Drei der höchsten Menschheitslehrer, Buddha, Jesus und Mahomet haben Zeugnis dafür abgelegt, daß sie ohne das Gebet nicht leben konnten und daß ihnen in der Andacht Gottes Wille offenbar wurde . . . Scheltet sie als Lügner oder als solche, die sich selbst täuschen; ich aber will euch sagen, daß dann solches Lügen mich, den Wahrheitssucher, entzückt hat, daß ihr Lügen mir Lebensstütze und Lebensinhalt geworden ist. Damit habe ich mein persönliches Zeugnis abgelegt. Nun probiert es selbst aus und stellt fest, daß vermittels der täglichen Andacht das Leben unvergleichlich an Wert und Inhalt gewinnt." (Y. I. 24. 9. 31.)

Das Gebet ist das erste Kampfmittel Gandhis, das zweite Fasten.

„Beim Fasten hängt alles von der geistigen Einstellung ab. Gerade wie das Gebet zum mechanischen papageiartigen Lallen entarten kann, so kann das Fasten zu einer rein mechanischen Quälerei für den Körper werden. Wie das mechanische Lallen günstig auf die Stimme einwirkt, so kann das Fasten die Reinigung des Körpers mit sich bringen. In beiden Fällen aber bleibt möglicherweise die Seele unberührt. Aber das im Interesse seelischer Aufrichtung unternommene Fasten, wodurch die Seele den Körper überwindet, ist ein hervorragendes Mittel persönlicher Selbsterziehung." (Y. I. 16. 2. 22.)

„Dem Fasten sind klare Grenzen gesetzt. Gegen den Tyrannen können wir nicht fasten, denn das hieße, ihm Gewalt antun . . . Das Fasten unternimmt man gegenüber einem teuren Freund, um ihn auf den rechten Weg zurückzuführen, oder z. B. der Sohn gegenüber dem trunksüchtigen Vater . . . Es sind daher zwei wichtige Vorbedingungen zu beachten: Man faste im Interesse eines geliebten Menschen, um ihn zu bessern oder zu bekehren. Und man fasse nur das Wohl des anderen ins Auge und denke nie daran, etwa persönliche Vorteile daraus zu ziehen . . ." (Y. I. 1. 5. 24.)

„Als eine rein körperliche Leistung betrachtet, können für das Fasten folgende Regeln festgelegt werden:

1. Sorgt von Anfang an für die Erhaltung der körperlichen und geistigen Energie.
2. Denkt während des Fastens nie an Speisen.
3. Trinkt nach Möglichkeit und Maßgabe der Kräfte kaltes Wasser.
4. Nehmt täglich ein laues Schwammbad.
5. Nehmt regelmäßig ein Abführmittel.
6. Schlaft möglichst lange im Freien.
7. Badet in der Morgensonne.
8. Denkt an nichts anderes als an das Fasten.
9. Was auch der Beweggrund zum Fasten sei, denkt während der köstlichen Fastenzeit viel an euren Schöpfer und die gegenseitigen Beziehungen, da werdet ihr Ungeahntes entdecken." (Y. I. 17. 12. 1925.)

Mahadeo Desai, Gandhis Sekretär, hat uns das erste Fasten seines Meisters nach dessen eigenen Angaben genau geschildert. Es handelte sich um den Streik der indischen Arbeiter an der Südküste Natals, mit dem diese 1913 die um eine Besserung ihrer sozialen Lage kämpfenden Bergarbeiter unterstützen wollten. Es kam zu Unruhen, die seitens der Union-Regierung brutal unterdrückt wurden. Auch Gandhi wurde verhaftet, aber vorzeitig freigelassen. Als Antwort darauf schwor er einen dreifachen Eid: Erstens bis zur Abstellung der Übelstände sich als Kuli zu kleiden, zweitens stets barfuß zu gehen, drittens nur einmal am Tag, und zwar nur ungekochte Früchte zu essen. Er hat diese Buße, die er sich selbst auferlegt hatte, mehrere Monate bis zur Verständigung mit der Regierung durchgehalten. „Ich hege keinen Zweifel daran, daß diese freiwillig und gern übernommene Buße zu der schließlich erzielten Verständigung beigetragen hat. Nicht, als ob ich glaubte, die Union-Regierung habe sich direkt dadurch beeinflussen lassen, wohl aber, daß meine Buße unsichtbar mitgewirkt hat. Als Ziel schwebte mir Selbstläuterung und wahre Anteilnahme an den Leiden der streikenden Arbeiterschaft vor.

Ein Büßer verläßt sich ganz auf seinen Gott. Er unternimmt die Buße nicht leichtsinnig, wie im Zorn, und gewiß nicht um persönlicher Vorteile willen. Die Buße soll ferner nicht gegen einen außerhalb des Kreises der Gesinnungsgenossen stehenden Gegner gerichtet sein. Und stets wird persönliche Reinheit wie lebendiger Glaube an Gewaltlosigkeit und Wahrheit vorausgesetzt. Offenbar gibt es bei solcher Buße keinen Raum für irgendwelchen Ehrgeiz." (Harijan 12. 12. 36.)

„Das Fasten ist eine sehr brauchbare Waffe in unserem Arsenal, aber nicht jeder kann es unternehmen. Die rein körperliche Befähigung genügt nicht dazu. Fasten ohne einen lebendigen Glauben an Gott ist nichts wert. Es darf keine mechanische Bemühung oder einfache Nachahmung darstellen. Fasten muß aus der eigenen Seele quellen; deshalb wird es selten in der rechten Weise geübt. Ich bin dazu wohl befähigt, bemerke aber, daß keiner meiner Waffenbrüder aus dem politischen Kampf den Antrieb zum Fasten verspürt hat. – – – Noch haben meine Mitbewohner der Eremitage selten den inneren Drang dazu empfunden. Sie haben sich sogar die Beschränkung auferlegen lassen, nie ohne meine besondere Erlaubnis solche Bußen auf sich zu nehmen. – – Die Mehrzahl der Fastenübungen verdienen überhaupt die Bezeichnung der ‚Satyagraha' als Läuterung nicht im geringsten. Sie sind nicht viel mehr als Hungerstreiks, die man ohne Vorbereitung und ohne Überlegung leichtfertig beginnt. Wiederholen sie sich zu oft, werden sie an Wirksamkeit immer mehr verlieren und schließlich dem allgemeinen Spott zum Opfer fallen." (Harijan 18. 3. 39.)

Über das Fasten bis zum Tod äußert sich Gandhi mit folgenden Worten: „Ich sehe mich zu dem Schluß gezwungen, daß das Todesfasten einen sehr wichtigen Bestandteil der Satyagraha-Disziplin darstellt und unter bestimmten Umständen die wirksamste Waffe ist, die ihr zur Verfügung steht. Aber nicht jeder ist dazu befähigt und berufen." (Harijan 26. 7. 42.)

Alle bisher erläuterten und untersuchten Begriffe und Vorstellungen in der von Gandhi vertretenen Lebensordnung stehen in engster Verbindung mit seinem Gottesbegriff, dem er lange Ausführungen in seinen Schriften gewidmet hat.

„Für mich ist Gott die Wahrheit, die Liebe, die Sittlichkeit, die Furchtlosigkeit. Er ist die Quelle allen

Lichtes in unserem Leben und steht doch jenseits und abseits von alledem. Gott ist das Gewissen und der Herzensprüfer, der uns und unsere Herzen viel besser versteht als wir selbst. Er ist ein unpersönlicher Gott für die, welche seiner persönlichen Anwesenheit bedürfen. Er ist ein verkörpertes Wesen denen, die höchsteigener Berührung benötigen. – – – Allen Menschen ist er alles. Er wohnt uns inne und dennoch thront er über uns da draußen. Man mag das Wort ‚Gott' meiden, den Begriff kann man nicht entbehren. Wie kann man feierlich Zeugnis ablegen, wenn nicht im Namen Gottes? – – – – – – Er ist der Herr. Er fordert viel in dieser wie in der jenseitigen Welt. Er zahlt uns im gleichen Maße, wie wir unseren Nächsten zahlen, Menschen und Tieren. Bei ihm ist die Unwissenheit kein Grund zur Entschuldigung. Aber er übt auch ewig das Verzeihen und gibt uns immer wieder Gelegenheit zur Reue und zur Buße. Er ist der größte Demokrat auf Erden, denn er überläßt uns ruhig die eigene Wahl zwischen Gut und Böse. Er ist aber auch der größte bekannte Tyrann, denn oftmals nimmt er uns den Becher von unseren Lippen fort."
(Harijan 3. 4. 26.)

„Seit dem Anbeginn des Lebens hat die Welt, einschließlich der Weisen und der Narren, dies zum Ausgangspunkt genommen: Wenn wir da sind, so ist Gott auch da; wenn Gott nicht da ist, so sind wir auch nicht da. Und weil Gottesglauben als eine noch bestimmtere Tatsache aufgefaßt worden ist als der Glaube an die Sonne, hat dieses lebendige Glaubensbekenntnis Lebensrätsel in größter Zahl gelöst und namenloses Elend gelindert. Dieser Glaube ist uns im Leben zur Hilfe, im Tod zur Erleichterung geworden. Erst durch ihn wird die Suche nach der Wahrheit anziehend und der Mühe wert, denn Gott ist die Wahrheit. – – – Selbst die Atheisten, die angeblich und eingebildetermaßen Gott verneinen, glauben ja doch an die Wahrheit. Ihre ganze Schlauheit besteht darin, Gott einen anderen Namen zu verleihen. Die Zahl der Namen ist Legion, das Wesen liegt einzig und beherrschend in der Wahrheit." (Harijan 2. 12. 39.)

Hat Gandhi jemals eine Vision gehabt oder ist ihm unmittelbar eine Offenbarung Gottes zuteil geworden? Diese Frage hat man oft an ihn gerichtet, und er nimmt dazu mit folgenden Ausführungen Stellung: „Ich weiß nicht, was ihr unter Offenbarung und prophetischer Vision versteht. Aber laßt mich ein Erlebnis anführen. Als ich mein 21tägiges Fasten im Gefängnis ankündigte, hatte ich diesen Entschluß vorher nicht überlegt. Beim Schlafengehen am Vorabend hatte ich keine Ahnung gehabt, daß ich so etwas unternehmen würde. Aber um Mitternacht weckte mich eine Stimme aus dem Schlaf und sagte zu mir: ‚Du mußt fasten.' – ‚Wie lange?' fragte ich und da kam die Antwort ‚Einundzwanzig Tage lang'. – Ein weiteres Beispiel bietet der Dandi-Salzmarsch von 1930. Ich hatte bis dahin nicht die geringste Ahnung, wie überhaupt das Salzgesetz durchbrochen werden könne. Pandit Notilal Nehru und andere Freunde waren sehr besorgt und konnten mir nicht raten. Aber da kam mir plötzlich die Erleuchtung wie ein Blitzschlag und verbreitete sich über das ganze Land von einem Ende zum anderen. Und ein letztes Beispiel: Keinen Augenblick vorher hatte ich daran gedacht, daß ich den 16. April 1919 zum Beten und Fasten ansetzen würde. Diesmal gab es keine Stimme der Offenbarung in der Vision, aber ich träumte davon und spürte deutlich, was ich zu tun hatte." (Harijan 14. 5. 38.)

Für eine der wichtigsten und merklichsten Verwirklichungen Gottes unter den Menschen hält Gandhi die Nächstenliebe und den Dienst am Nächsten. „Das Endziel für den Menschen ist die Verwirklichung Gottes, und seine Gesamttätigkeit auf sozialem, politischem, religiösem Gebiet soll darauf hingerichtet sein. Die unmittelbare Dienstleistung allen Menschen gegenüber wird zu einem notwendigen Teil jenes Versuches nur deshalb, weil der einzige Weg zu Gott der ist, ihn in seinen Geschöpfen zu schauen und sich mit ihnen eins zu fühlen. Ich bin ein Teil des Ganzen, und ich kann den Schöpfer jenseits der Mitmenschen nicht finden. Meine Landsleute sind meine Nächsten. Sie sind so hilflos, so armselig, so energielos, daß ich mich ihrem Dienst ganz widmen muß. Gewinne ich die Überzeugung, daß Gott in einer Höhle des Himalaya zu finden sei, so begebe ich mich sofort dorthin. Aber ich weiß, daß er nirgendwo abseits der Menschen zu suchen ist." (Harijan 14. 5. 38.)

Der Gottesbegriff ist, wie im Vorausgehenden schon oft erwähnt wurde, aufs engste mit der Wahrheit verbunden. Damit kommen wir bei Gandhi zu dem Thema Satyagraha oder Wahrheitskultus: „Satyagraha gleicht dem Banyambaum, der viele Äste besitzt. Der ‚zivile Ungehorsam' ist solch ein Ast. Satya (Wahrheit) und Ahimsa (Gewaltlosigkeit) bilden den Stamm, dem unzählige Äste entspringen. Viel bittere Erfahrung hat uns zu der Erkenntnis gebracht, daß in Zeiten der Gesetzlosigkeit der ‚zivile Ungehorsam' gern befolgt wird, Satya und Ahimsa, welche mit Fug und Recht zu solchem Ungehorsam führen können, wenig Beachtung finden. Unsere Aufgabc ist wie die des Herkules, aber wir dürfen ihr nicht ausweichen. Ohne Scheu müssen wir den weitesten Kreisen Satya und Ahimsa predigen, erst dann und nicht früher werden wir mit der Masse Satyagraha unternehmen können." (Harijan 1. 5. 19.)

„Dreißig Jahre lang habe ich Satyagraha gepredigt und geübt. – – – Das Wort habe ich in Südafrika geprägt, um die von den dort ansässigen Indern für acht Jahre beanspruchte Arbeitskraft zur Geltung zu bringen und um diese Waffe von dem in England und Südafrika üblichen zivilen Ungehorsam zu unterscheiden. Der Wurzel nach heißt es Wahrheitsbewährung, daher auch Wahrheitsmacht, und ferner Liebesmacht oder Seelenmacht. Die Satyagraha-Disziplin verbietet, Gewalt gegen den Gegner zu gebrauchen, verlangt vielmehr ihm gegenüber Geduld und Sympathie, um ihn von seinem Irrtum abzubringen. Denn was dem einen die Wahrheit ist, erscheint dem anderen als Unwahrheit. Und geduldig sein, bedeutet oft sich selbst quälen. Die rechte Satyagraha-Disziplin verlangt die Aufrechterhaltung der Wahrheit nicht in erster Linie gegen den Gegner, sondern gegen sich selbst. Sie unterscheidet sich vom zivilen Ungehorsam wie der Nordpol vom Südpol. Ziviler Ungehorsam ist die Waffe des Schwachen und schließt nicht den Gebrauch von Gewalt oder physischer Kraft aus; hingegen ist die Satyagraha ersonnen worden als eine Waffe der Starken, die jeden äußerlichen Kraftaufwand ausschließt.

Satyagraha ist selbständig, d. h. bedarf, um in Kraft zu treten und zur Geltung zu gelangen, nicht der Billigung des Gegners. Sie leuchtet am hellsten dort, wo der Gegner Widerstand leistet. Sie ist daher unwiderstehlich. Der Satyagrahi kennt keine Niederlage, denn er kämpft bis zuletzt um die Wahrheit. Der Tod mitten im Kampf bedeutet ihm eine Befreiung, die Einkerkerung die Pforte zur Freiheit. Und da der Satyagrahi niemals den Gegner verletzt, vielmehr durch eine milde und ruhige Beweisführung seinen Verstand oder auch durch Selbstaufopferung sein Herz anruft, so ist er doppelt gesegnet.

Auf dem Gebiet des politischen Lebens besteht der Kampf darin, dem Irrtum in Gestalt von ungerechten Gesetzen zu widerstreben. Wenn die gewöhnlichen Mittel versagen und der Gesetzgeber den angerichteten Schaden nicht wieder gutmachen will, so muß der Satyagrahi ihn durch das persönliche Leiden. d. h. dadurch, daß er dem ungerechten Gesetz Widerstand leistet und die darauf gesetzte Strafe hinnimmt, dazu zwingen. Deshalb erscheint die Satyagraha der Welt als ziviler Ungehorsam." (Auszug aus dem Bericht der Indian National Congress Commission.)

In enger Verbindung mit Satyagraha steht der Begriff der Ahimsa, der Gewaltlosigkeit. Die grundlegenden Ausführungen dazu hat Gandhi schom im Jahre 1916 in einem Vortrag vor der Y. M. C. A. in Madras gemacht, in dem er besonders betont, daß das Ahimsa-Gebot viel weiter gehe, als aus dem Sinn des Wortes „Nicht-töten" zu entnehmen sei, daß es auch bedeute: „Beleidige niemanden, hege keine unfreundlichen Gedanken, auch nicht gegen den, der sich feindlich zu dir stellt." Auf diesen Gedanken ist er häufig zurückgekommen. Eine wichtige Erklärung dazu hat er noch im „Harijan" von 1940 abgegeben: „Mit wissenschaftlicher Genauigkeit habe ich die Ahimsa geübt und ihre Möglichkeiten ununterbrochen während eines Zeitabschnittes von 50 Jahren verfolgt. Ich habe Ahimsa auf allen Lebensgebieten – in familiären, gesellschaftlichen, wirtschaftlichen, politischen Situationen – angewandt. In keinem einzigen mir bekannten Fall hat sie versagt. Wo sie anfänglich zu versagen drohte, habe ich dies meiner eigenen Unvollkommenheit zugeschrieben. Ich erhebe keinen Anspruch auf persönliche Vollkommenheit, aber ich darf von mir sagen, daß ich ein leidenschaftlicher Sucher nach der Wahrheit und damit nach der Gottheit bin, und bei diesem Suchen ist es mir beschieden gewesen, die Ahimsa zu entdekken. Sie unter den Menschen zu verbreiten, ist mir zur

Lebensaufgabe geworden. Ich habe kein anderes Interesse mehr am Leben, als diese Aufgabe zu erfüllen."

Von der Ahimsa zur „non-violent non-cooperation", zur „nicht gewaltsamen Nichtzusammenarbeit" ist nur ein Schritt. Aber es ist bekannt, wie gerade diese Maßnahme den Engländern in Indien sehr viel zu schaffen gemacht hat. Sie bedeutet, wie Gandhi betont, den Verzicht auf alle Vorteile, die man sonst aus einem System, das man ablehnt und bekämpft, ziehen könnte. Sie lehnt alle Ehren, Orden, Rechte und Ämter, die jenes System gefügigen Mitarbeitern anbietet, entschieden ab. Sie schließt in sich aber auch die Ablehnung aller fremden Fabrikate, vor allem des Tuches englischer Herkunft. „In jedem Falle heißt es entschieden und fest bleiben. Wende ich mich an einen hohen Beamten, um durch seine Vermittlung mir irgendeinen Vorteil zu verschaffen, so kooperiere ich und trage dazu bei, das feindliche System aufrechtzuerhalten. Begebe ich mich aber zu einem kleinen untergeordneten Beamten, um ihn zum Khaddar (Gebrauch des indischen anstelle des fremden Tuches) zu bekehren, ihn vielleicht auch zur Aufgabe des Staatsdienstes zu bewegen, oder ihm nahezulegen, seine Kinder aus den Staatslehranstalten herauszunehmen, so erfülle ich meine Pflicht im Sinne der ‚non-violent non cooperation'."

Während des zweiten Weltkrieges hat Gandhi einem bekannten englischen Politiker auf seine Vorstellungen hin, er möge England angesichts seiner schwierigen Lage durch sein Wirken nicht in noch größere Bedrängnis bringen, geantwortet: „Wenn die ‚non-cooperation' in einigen Fällen mißbraucht worden ist, hat sie sich doch in der großen Mehrheit der Fälle als sehr wirksam und heilsam erwiesen. In der Gesamtwirkung ist sie für Indien von allergrößtem Vorteil gewesen. Sie hat die breiten Massen aufgeweckt, wozu sonst ein Zeitraum, der mehrere Geschlechter umfaßt, gehört hätte. Sie hat das Land vor vielem Blutvergießen und dem Chaos bewahrt und im großen und ganzen sogar die Beziehungen zwischen Briten und Indern verbessert, weil sie sich mit mehr Hochachtung gegenüberstehen können."

Ein letztes Kampfmittel, das Gandhi oft in allen Lebenslagen, besonders aber im politischen Kampf, zur Anwendung gebracht hat und das er seinen Anhängern angelegentlich empfiehlt, ist das Schweigen. Er selbst hatte den Montag für sich zu einem Tag des Schweigens gemacht und hielt folgerichtig und rücksichtslos daran wie an einem Gelübde fest. Dazu ein paar bezeichnende Stellen aus seinen Schriften:

Mir ist oft zum Bewußtsein gekommen, daß der Wahrheitssucher schweigen lernen muß. Vom Schweigen geht eine wunderbare Wirkung auf den ganzen Menschen aus. Einmal habe ich in Südafrika ein Trappistenkloster besucht, dessen Insassen zumeist das Schweigegelübde abgelegt haben. Auf meine Frage nach dem Beweggrunde erklärte mir der Abt: ‚Wir sind schwache Menschen. Oft verstehen wir selbst nicht recht, was wir sagen. Und die leise innere Stimme, die fortwährend uns anredet und der wir lauschen möchten, können wir nur wahrnehmen, wenn wir uns ganz an das Schweigen gewöhnt haben. Ich verstand die köstliche Lehre und habe das Geheimnis des Schweigens erkannt.'" (Harijan 17. 10. 25.)

„Das Schweigen hat noch einen anderen Vorteil, den ich gerade im Verlauf dieser letzten Wochen genau kennengelernt habe. Wie die meisten Menschen neige auch ich leicht zum Zorn, jetzt aber habe ich entdeckt, daß das Schweigen mir mehr als alles andere dabei behilflich sein kann, ihn zu unterdrükken. Denn wie will man ihm Ausdruck verleihen, wenn man schweigt? Vielleicht durch die Augen, aber sicher nicht durch eine Gewalttat, wenn man sich in der Disziplin der Gewaltlosigkeit geübt hat. Und auch schriftlich nicht, da der Zorn mitten im Schreiben verschwinden würde. So hat auch hier das Sprichwort recht: ‚Reden ist Silber, Schweigen ist Gold'." (Harijan 17. 4. 35.)

Die Frage, inwieweit das Schweigen ihm seelische Kraft gegeben habe, beantwortet Gandhi folgendermaßen: „Das Schweigen bedeutet mir viel. Ich übe es fast täglich. Am liebsten wäre es mir, es in jeder Woche mehrtägig halten zu können. Im Jeravda-Gefängnis habe ich es fünfzehn Tage lang geübt und mich dabei wie im siebenten Himmel gefühlt. – – – Die Schweigezeit darf nicht einmal durch die schriftliche Unterhaltung unterbrochen werden. Das Schreiben stört, wenn man der Harmonie der Sphären lauschen will." (Harijan 29. 12. 36.)

„Bevor die moderne Kultur zu uns kam, waren uns sechs bis acht Stunden am Tag zum Schweigen vergönnt. Aber diese Kultur hat die Nacht zum Tag umgewandelt, und das goldene Schweigen hat üblem Lärm und Geräuschen jeder Art weichen müssen. Welche Wohltat wäre es für uns, wenn wir in unserem geschäftigen Leben nur ein paar Stunden täglich bei uns Einkehr halten und der Stimme des großen Schweigens lauschen könnten! Der göttliche Rundfunk ist fortwährend in Betrieb; wenn wir es doch nur fertigbrächten, ihn voller Hingabe anzuhören, was aber ohne das Schweigen unmöglich ist!"

Aus diesen zuletzt angeführten Äußerungen Gandhis spricht zu uns deutlich eine scharfe Kritik gegenüber den Errungenschaften der Zivilisation. In ihrem Vordringen sieht er die große Gefahr für Indien, ja für die gesamte asiatische Welt. Der erste Weltkrieg, in den sein Volk gegen seinen Willen hineingezogen wurde, hat ihm die europäische Zivilisation in ihrer ganzen Brutalität und Verlogenheit gezeigt.

„Der letzte Krieg hat aufs deutlichste die Zivilisation in ihrer satanischen Natur erwiesen. Kein Sittengesetz, das die Sieger nicht im Namen der Gerechtigkeit gebrochen hätten! Keine Lüge, die nicht unbedenklich als Kampfmittel verwandt worden wäre! Und hinter all den begangenen Verbrechen als letzter Beweggrund ein grober Materialismus, die Anbetung des Mammons." (Harijan 8. 9. 20.)

Indien darf sich dieser Zivilisation des Abendlandes nicht ausliefern, sondern muß sie überwinden. Drei Berufsstände klagt Gandhi als Träger dieser Zivilisation besonders bitter an, die Beamten, die Ärzte und die Lehrer. Gegen die zuletzt Genannten erhebt er – ganz im Sinn einer fortschrittlichen Pädagogik – den Vorwurf, sie beraubten die Kinder in Indien ihrer eigenen Sprache und ihres eigenen Denkens zu Gunsten einer ihnen wesensfremden Kultur, vernachlässigten über einer oberflächlichen Verstandesbildung die Pflege des Gemütslebens und des Charakters, stellten eine im Grunde künstliche wissenschaftliche Bildung höher als die Handarbeit, von der in der Gegenwart wie in der Vergangenheit die Wohlfahrt und das Gedeihen der breiten Volksmassen unabdingbar abhänge.

Gandhis scharfe Kritik an den Ärzten findet sich vor allem in seiner populären Abhandlung „Wegweiser zu einem gesunden Leben". Die modernen Ärzte begnügen sich damit, nach dem Vorgehen der abendländischen Mediziner die zufällig auftretenden Krankheiten zu heilen oder zu mildern, arbeiten aber nicht daran, die tief eingewurzelten Laster im Volksleben, auf denen die fortschreitende Demoralisierung beruhe, zu beheben. Eine Besserung sei nur von einer systematischen Beherrschung des Körpers und der Seele zu erwarten, bei der den Ärzten eine führende Rolle zugewiesen werden müsse. – Die Beamten könnten nicht wirklich dem Volksganzen dienen, weil sie im Sold eines fremden Auftraggebers stünden, dem es daran liege, die vorhandenen Zwistigkeiten im Land zu erhalten und sogar zu vertiefen.

Den eigentlichen Träger der modernen Zivilisation aber sieht er in der Maschine. Mit ihrem stürmischen Vordringen im gesamten Volksleben glaubt er die Grundlage der altindischen Denk- und Lebensweise bedroht. Daher seine immer erneute Aufforderung an seine Landsleute, wenigstens auf einem Gebiet des gewerblichen Lebens, in der Weberei, zur einfachen und gesunden Sitte der Väter zurückzukehren. Es will wahrlich nicht viel sagen, wenn Gandhi, der Vorkämpfer eines auch wirtschaftlich unabhängigen Indiens, schließlich gestehen muß: „Besser wäre es für uns, die Manchesterstoffe zu kaufen, als in Indien die Fabriken von Manchester entstehen zu lassen. Ein indischer Rockefeller wäre nicht besser als der amerikanische. Die fortschreitende Industrialisierung des Lebens durch die Maschine ist die große Sünde. Sie versklavt die Völker."

Bei dieser Einstellung Gandhis gegenüber der modernen Zivilisation setzt es uns auch nicht in Verwunderung, wenn er in seinen späteren Schriften sich für die Ehelosigkeit als den für den Mann erstrebenswerten Zustand ausspricht. Er betont dabei, die Gründung eines Haushaltes und die Erzeugung von Kindern sei mit der Wahrheitssuche nicht vereinbar. „Auch ist eine wahre Erfüllung der Gewaltlosigkeit ohne Zölibat unmöglich. Gewaltlos heißt allgegenwärtige Liebe. Was bleibt aber einem Mann, der seine Liebe einer Frau geschenkt hat, für andere übrig?

Wenn eine Frau ihre Pflicht nur darin sucht, ihrem Mann zu dienen, oder umgekehrt ein Mann gewillt ist, alles für seine Frau zu opfern, so ist es klar, daß beide das Gebot der allgegenwärtigen Liebe nicht erfüllen können . . . Eben durch die Gründung einer Familie ist ja um die eigene Person ein Kreis gezogen. Und je größer dieser Kreis wird, desto größer die Behinderung in der Erfüllung der allgegenwärtigen Liebe . . . Wie steht es aber mit denen, die bereits verheiratet sind? Können sie niemals die Wahrheit finden? . . . Auch für sie gibt es einen Weg, und zwar den, daß ein Verheirateter lebt wie ein Unverheirateter. Das ist meiner Erfahrung nach das Beste, was es in dieser Hinsicht gibt. Wer es erlebt hat, kann es bezeugen . . . Man muß diese Art Zölibat im Geist, im Wort und im Fleisch zu erfüllen trachten, so wie man jede Pflicht von diesen Gesichtspunkten aus erfassen muß. Wer seinen Körper beherrscht, aber im Geist wollüstige Gedanken nährt, ist ein Heuchler. Das wissen wir aus der Bhagavad-Gita, und jeder hat es einmal an sich selbst erlebt. Ist aber der Geist faul, so ist das Streben nach Beherrschung des Körpers schädlich. Denn der Geist bedingt das Fühlen des Körpers und zieht ihn mit sich."

Gandhi stellt damit eine Forderung auf, die mehr seiner religiös-asketischen Natur entspricht als der natürlichen und gesellschaftlichen Beschaffenheit des Menschen. Die Forderung nach dem radikalen Zölibat ist ein Bestandteil fast aller asiatischen Heilslehren und immer mehr ein ethisches Richtmaß für eine

Priester-Elite als ein praktisches Gebot für die ganze Gesellschaft gewesen. Der Aufruf Gandhis zur Verwirklichung des Zölibats hat seinen Anhängern viel Kopfzerbrechen bereitet. Wir dürfen jedoch annehmen, daß sie mehr bestimmten gesellschaftlichen Entartungserscheinungen in Indien, etwa der Kinderehe und der Überbetonung des Geschlechtlichen in manchen anderen Bereichen, entgegenwirken wollte, als daß sie eine radikale Verwirklichung auch nur vorübergehend in den Bereich des Möglichen gezogen hat. Es ist dies aber auch der einzige Punkt in den Lehren Gandhis, der der menschlichen Natur und den gesellschaftlichen Notwendigkeiten widerspricht.

*

Das Bild Gandhis, das wir zu zeichnen versucht haben, ist das Bild eines Menschen, der die Differenz, die die menschliche Schwäche zwischen Lehre und Leben legt, in einer bewundernswerten Weise aufgehoben hat. Diese völlige Übereinstimmung von Lehre und Leben, von Sein und Denken hat nicht zuletzt aus Gandhi den Mahatma, den Führer Indiens zur Selbständigkeit und Freiheit gemacht. Es gibt eine Art des Beispiels, die sogar unter den zerfasernden Bedingungen des modernen gesellschaftlichen Lebens unwiderstehlich ist. Es bedarf dazu eines langen Lebens und einer ungeheuren Kraft der Konzentration im Denken und im Handeln. Dann allerdings ist die Kraft, die von einem solchen Menschen ausgeht, unwiderstehlich und gleicht einem mächtigen Strom. Und immer wieder fordert die Geschichte von Menschen dieser Art zur Besiegelung ihres Glaubens und ihres Tuns das Opfer des Lebens, einen Tod, in dem auch die letzten noch denkbaren Widersprüche aufgehoben werden.

Asien bietet uns im Zeichen der Wirkung Gandhis in Indien und der Wirkung des Kommunismus in China einen tragischen und tröstlichen Aspekt zugleich. Der Triumph der Gewalt und äußeren Macht steht neben dem Triumph der Gewaltlosigkeit. Die Geschichte bedarf für ihre großen und umwälzenden Entscheidungen größerer Zeiträume, als sie der einzelne Mensch zu überblicken und als sie eine Generation zu bestimmen vermag. Das Schicksal des Menschen in seiner bisherigen Gestalt hängt daran, wem der letzte Sieg zufällt, dem Machtrausch oder dem reinen Herzen und der reinen Tat. Insofern ist Mahatma Gandhi nicht nur der Führer Indiens, sondern für unsere ganze gegenwärtigen Welt Aufruf und Beispiel.

V

Persönliche Erlebnisse und Erinnerungen von Pandita Raj Dulari Nehru

Der Mahatma war mehrmals zu Gast bei uns, d. h. in Ahand Bhawan (Friedensheim), dem Haus des alten Pandit Nehru. Dann war es uns allen eine besondere Freude und Ehre, ihm behilflich und dienstbar zu sein. Beim Beten, beim Essen, beim Spazierengehen und bei vielen anderen Gelegenheiten wetteiferten wir, ihm das Leben im Hause seines Freundes so angenehm und so bequem wie möglich zu machen, so wie er es in der eigenen Eremitage am Sabarmati, seinem bevorzugten Aufenthaltsort, gewohnt war. Vielleicht tue ich den beiden, dem Mahatma und dem Pandit, Unrecht, wenn ich das nüchterne Wort „Freunde" gebrauche. In Wirklichkeit waren die Beziehungen zwischen ihnen viel intimer, wärmer, herzlicher, als es das manchmal abgegriffene Wort „Freund" ausdrücken kann. Eher sollte man die beiden als Brüder bezeichnen, die durch die Gemeinsamkeit des Denkens und Empfindens so eng miteinander verbunden und verkettet waren, wie es im Menschenleben selten anzutreffen ist, wie wir es aber z. B. in der Sage in dem Verhältnis von Orest u. Pylades finden. Darum lag es für uns, die wir zu diesem Haus gehörten, nahe, die Gewohnheiten, Launen und Einfälle des Mahatma genau zu studieren, pünktlich alles vorzubereiten und sorgfältigst allen seinen Erwartungen zu entsprechen. Wenn wir so emsig um ihn beschäftigt waren, hatten wir viele Möglichkeiten, ihn genauer kennenzulernen. Nicht als ob Gandhi sehr anspruchsvoll oder gar rücksichtslos gewesen wäre, im Gegenteil, niemand war seinen Mitmenschen gegenüber so liebevoll, so nachsichtig wie er. Das läßt sich an folgenden persönlichen Erfahrungen deutlich machen.

Die Hausmutter war nicht kräftig und gesund genug, die Last des Haushalts gerade zu der Zeit, als Gandhi zu uns kam, auf sich zu nehmen. Darum mußten wir ihr in diesen Tagen besonders behilflich sein. Wir hatten die Hände voller Arbeit, aber dafür genossen wir um so mehr die Nachtruhe und waren nicht allzu geneigt, in aller Frühe aufzustehen und den morgendlichen Prarthna (Gebet), zu dem Gandhi jeden Tag seine Freunde und Anhänger, oft zu Hunderten und Tausenden, in der Morgenfrühe um sich versammelte, mitzumachen. Eines Morgens hörten wir des Mahatmas Sandalen in aller Frühe auf der steinernen Terrasse klappern, als er nach unten ging. Launig sagte eine meiner Kameradinnen: „Da geht der Alte schon wieder. Warum kann er nicht ruhig schlafen?“ Damit war unser kurzes Gespräch zu Ende. Zur festgesetzten Stunde trugen wir später das einfache Frühstück in des Mahatmas Stube hinauf. „Setzt euch, liebe Töchter“, sagte er. „Der Alte ist etwas zu laut gewesen, nicht wahr? Ein Störenfried, nicht wahr?“ – Uns brach der Angstschweiß aus. Der

Mahatma aber sprach ruhig weiter. „Wenn man schon früh aufwacht, gibt's dann irgendeinen Grund, warum man nicht zum Prarthna kommen will? Euch frage ich nicht, meine lieben Kinder, ich frage nur mich selbst."

Nun erklärten wir uns auch bereit, den in aller Frühe aufstehenden und hinausgehenden Mahatma auf seinem Spaziergang zu begleiten. Es war für uns wirklich Mühe und Qual, mit ihm im gleichen Schritt zu gehen. Selbstverständlich konnte ich das nicht lange aushalten, und schon ein paar hundert Meter vom Ausgangspunkt entfernt, versagte ich ganz und blieb erschöpft stehen. „Nun, du kannst also nicht mit mir marschieren, Kleine?", fragte mich der Mahatma sichtlich überrascht. „Nein, wirklich nicht, Bapu" (Väterchen). Mit diesem seinem Lieblingsnamen nannten und redeten wir Mädchen ihn an. „So geht es nicht, und ich muß streiken." „Aber warum kommst du denn mit, hast es ja selbst gewünscht?" – „Jawohl, Bapu, aber sehen Sie doch nur, meine kleinen Beine können es doch nicht mit Ihren Riesenbeinen aufnehmen. Erstens sind diese doppelt so lang wie die unsrigen, und zweitens behindert sie Ihre Kleidung nicht. Für uns bildet das sechs Meter lange Sari (Frauenkleid), womit wir umhüllt sind, beim Wandern ein unüberwindliches Hindernis." – Mit einem leichten Lächeln, das ihm um die Mundwinkel spielte, erwiderte er: „Geh nach Hause, Kind. Ich verstehe es." So lieferte er wieder einen Beweis seiner Menschlichkeit und Güte.

Beim Essen auf Mahatma Gandhis Art und Weise konnte man viel Nützliches lernen. Es gibt ein Sprichwort: „Zuviele Köche verderben den Brei", und in Gandhis Sonderküche, wie sie bei uns eingerichtet war, gab es viele Helferinnen, aber nicht allzu viel zu tun. Nüsse, Datteln, Fruchtsaft, Zwiebelessenz, Reiskörner, Linsenbrei, alles mußte sorgfälig gerichtet und nach Bedarf aufgetischt werden. Aber viel wichtiger war für uns Wißbegierige das Wann und Warum der einzelnen Speisen. Die Dattelkost ist am besten geeignet, wenn man geistig viel zu leisten hat. Zwiebelsaft gibt Körperkraft und Ausdauer. Ziegenmilch ist das verdaulichste Getränk, das man zu sich nehmen kann. Und das Wasser, worin der Reis gekocht wird, ist weit nahrhafter als der ausgekochte Reis selbst. Und auch heute noch verdanke ich meine relativ gute Gesundheit und die Abwehr gegen sämtliche Magenkrankheiten den einfachen praktischen Erfahrungen aus jenen unvergeßlichen Tagen, als Gandhi bei uns zu Gast war und wir sein einfaches Essen bereiten mußten.

Menschlichkeit ist gut, aber Humor ist noch besser, wie die nachfolgende Erzählung zeigen soll. Eine Kommissionssitzung der indischen Nationalversammlung unter dem Vorsitz Gandhis war einberufen worden, und mein Schwager, der jüngere Pandit Nehru, wollte eben das Auto besteigen, das ihn zu dem Pariaviertel, wo der Mahatma wohnte, bringen sollte. „Hör mal, Vetterchen", sagte ich zu ihm, „nimm mich mit. Heute ist der Geburtstag unsres

Bapus, und ich möchte nicht die Gelegenheit versäumen, ihm meine Glückwünsche auszusprechen." – „Das geht nicht", erwiderte Jawaharlal, „Bapu muß gerade an seinem Geburtstag die Geheimsitzung des Kongreßvorstandes leiten, und du weißt, wie pünktlich und gewissenhaft er in allen Angelegenheiten ist." – „Wir wollen es wenigstens auf einen Versuch ankommen lassen", bat ich. Jawaharlal öffnete die Autotür und ließ mich einsteigen. Binnen kurzem waren wir vor der bescheidenen Wohnung des Mahatma, der zu meiner großen Enttäuschung schon im Begriff stand aufzubrechen. Mein Schwager begrüßte ihn mit fest gegeneinander gepreßten Händen, eine echt orientalische Begrüßungsart, die man auch auf mittelalterlichen und antiken Darstellungen sehen kann, und erzählte ihm, fast um Entschuldigung bittend, daß ich mitgekommen sei, ihn zum Geburtstag zu beglückwünschen. „Sie hat auch eine Kleinigkeit als Geschenk mitgebracht." Das erweckte die Neugier des Mahatma, und mit freudig glänzenden Augen fragte er mich, während ich ihm die pflichtmäßige, ihm gebührende Verbeugung machte: „Was hast du denn in deinem Beutel, Kleine?" Man merkte ihm deutlich eine ungeduldige Spannung an. „Sag doch, was ist's, Töchterchen? Ich muß fort." Aber nun hatte ich wieder Mut gefaßt, und ein wenig vorwitzig wandte ich mich an ihn mit den Worten: „Aus dem Beutel gibt's nichts, wenn ich Sie nicht sprechen kann, Bapuchen." Bei dieser Herausforderung blieb Gandhi eine Weile stehen. Wie die Wellen eines Wasserspiegels fing ein sanftes Lächeln an, seine Gesichtszüge zu beleben. Dann sagte er: „Ich weiß es schon, mein Kind, du hast etwas für meine Harijans.*) Nun sag mir doch endlich, wieviel hast du mir mitgebracht?" Offenbar war er sehr gespannt, aber ich wollte ihn ein bißchen necken und vergaß ganz und gar, daß die Mitglieder der Partei ungeduldig auf ihn warteten. So erwiderte ich: „Es kommt darauf an, Bapuchen, wieviel Zeit Sie mir schenken wollen." Lächelnd setzte er sich nieder und winkte mir zu, das gleiche zu tun, und als wir beide auf dem Teppich saßen, sagte er ruhig: „Nun, mein Kind, wollen wir uns unterhalten." Jetzt war ich fast sprachlos angesichts der großen Verantwortung, die ich auf mich genommen hatte. Aber sein liebes Gesicht, seine glänzenden Augen flößten mir Mut ein. Ich gratulierte ihm herzlichst zu seinem Geburtstag – leider Gottes zum letzten Mal –, machte den Geldbeutel auf, zog einen Hundertrupienschein heraus und überreichte ihn dem Mahatma mit den schlichten, aber vielsagenden Worten: „Für die Harijans." Er strahlte vor Freude, nahm die Liebesgabe gerührt entgegen, legte mir die welke Hand auf den mit Schleiern umhüllten Kopf **) und segnete mich. Ich beugte mich vor ihm,

---

*) Lieblinge des Herrn, eine Bezeichnung, die Gandhi für die Parias geprägt und im Volksmunde üblich gemacht hatte.

**) Obgleich heutzutage unter dem Einfluß der Mode auch in Indien Mädchen und Frauen die palla (Kopfschleier), die den oberen Abschluß des sari (Frauenkleid) bildet, fallen gelassen haben, ist es doch immer noch für Frauen üblich, in Anwesenheit hervorragender Persönlichkeiten den Kopf mit der palla zu bedecken.

tief gerührt, als ob ein erhabenes Wesen etwas von seiner Erhabenheit auf mich übertragen hätte. Er stand auf und begab sich in die Ratsversammlung, und ich ging, in Gedanken versunken, zur Tür hinaus.

Ich frage mich, ob es recht von mir ist, diese ganz persönlichen Erinnerungen der Öffentlichkeit zu übergeben. Was würde Gandhi selbst dazu sagen? Würde er überhaupt seine Genehmigung dazu geben? Diese Bedenken kommen reichlich spät, wird mancher denken. Wie steht es im übrigen mit den Berichten und Geschichten über Gandhi, die früher veröffentlicht worden sind und die teilweise bereits der zeitgenössischen Literatur angehören? Der Mahatma hat sie – Wahrheit und Dichtung – hingenommen, ohne Einspruch dagegen zu erheben. So fühle auch ich mich berechtigt, einzelne Züge und an sich unbedeutende Begebenheiten aus seinem Leben wiederzugeben, die mir aber geeignet erscheinen, ihn in seiner echten, tiefen Menschlichkeit hervortreten zu lassen oder das Zeitgeschehen um ihn herum besser zu beleuchten.

Ich will die Reihe der Erinnerungen mit einer sehr traurigen Geschichte abschließen. Es handelt sich um die im Februar 1932 stattgefundene Zusammenkunft zweier großer Männer, des älteren Pandit Nehru, „Papa“, wie wir ihn liebevoll nannten, und des Mahatma, unseres „Bapu“. Der erstere lag im Sterben, und es sei mir gestattet, etwas über seine Leidenszeit zu sagen. Er hatte schon 23 Jahre ein schweres Lungenleiden. Damals kamen die beiden Nehrus, der ältere und der jüngere, nach Heidelberg, wo mein Mann gerade studierte, und baten ihn, sie nach Berlin, Dresden, Karlsbad und Wien zu begleiten, um bei den Beratungen mit den Fachärzten als Dolmetscher zu dienen. Der Tüchtigkeit der deutschen Ärzte gelang es, Papas Gesundheit einigermaßen wiederherzustellen. Aber zehn Jahre später mußte er eine andere Art von Kur durchmachen, die sich nicht in einem Sanatorium, sondern in einem Zuchthaus vollzog. Ganz Indien war damals im Aufruhr, als nach dem ersten Krieg der Vizekönig den Versuch machte, die Kriegsmaßnahmen, die längst überflüssig geworden waren, unter dem Vorwand, die Sicherheit des Landes erfordere es, weiter in Geltung zu lassen. Zwei Vorfälle beleuchten die damalige Situation: Zunächst legte Tagore seine englische Ritterwürde nieder mit der Begründung, die seitens des Vizekönigs ergriffenen Maßnahmen seien reine Willkür und überträfen alles Vorausgegangene an Rücksichtslosigkeit und Grausamkeit. Sodann trat in diesem Augenblick die Non-Cooperation-Movement in den politischen Kampf ein. Gandhis bedeutendster Mitkämpfer war der alte Nehru, der als erster von einem Gerichtshof zu Zuchthaus verurteilt wurde. Er nahm dieses Schicksal mit einem Stoizismus ohnegleichen auf sich, büßte aber während der Kerkerhaft den Rest seiner Gesundheit ein. Eine von ihm selbst erzählte Geschichte beweist, daß er damals schon ein echter Gandhianer war. Als er nach der Entlassung aus dem Zuchthaus zu uns in das himalayanische Bergland kommen wollte, mußte er die Reise unterwegs an der Poststation Peora unterbrechen, einer über 2000 Meter hochgelegenen Ortschaft, in der es keine andere Unterkunftsmöglichkeit gab als einen kleinen von der Regierung betriebenen Gasthof. Der stolze Portier wollte Nehru nicht hereinlassen, der keinen europäischen Anzug, sondern die einfache Gandhitracht trug. „Vor meiner Bekehrung zum Gandhiismus", so berichtete er, „hätte ich dem niederträchtigen Kerl eine Tracht Prügel oder mindestens eine Ohrfeige verabreicht. Als Gandhianer aber habe ich die Grobheit des Portier hingenommen und mich mit den Worten ‚Gott segne Euch' auf den Lippen entfernt, um Unterkunft bei einem Paria zu suchen."

Nun lag Pandit Nehru sterbenskrank im eigenen Haus, genannt „Ahand Bhawan", „Friedensheim" in Allahabad. Es kamen und gingen die Ärzte, ohne helfen zu können, die Mitkämpfer, die Freunde, ihn zu umarmen und Abschied zu nehmen. Und zum Schluß kam der Mahatma Gandhi, um dem Kranken und seiner Umgebung Kraft zu spenden.

Der Patient wurde noch im Lazarettwagen von Allahabad nach Lucknow gebracht, aber es war uns allen klar, was bevorstand. Wenn der Mahatma unsere Trauer und Fassungslosigkeit sah, pflegte er zu sagen: „Die Seele bleibt bei uns auf ewig, was auch dem Körper geschehen möge; die Liebe ist unsterblich und vergeht nicht mit dem Scheidenden." Und als nun das Zuchthausregime seine Schuldigkeit getan und einer der Edelsten seines Volkes die Augen für immer geschlossen hatte, da hörte man im Totenhaus kein Klagen und Weinen. Denn der Mahatma war da, wir sahen ihn am Kopfende des Totenbettes stehen. Was würde er denken und sagen, wenn er uns Frauen schwach und fassungslos sähe? Er hatte immer daran gearbeitet, uns, seine lieben Töchter, mutig und standhaft zu machen. Durch uns, seine ersten Schülerinnen, wollte er das Wideraufleben des indischen Frauentums sichern. Die Frauen und Mädchen sollten die männlichen Freiheitskämpfer ersetzen, wenn diese im Zuchthaus saßen.

Ruhe und Gelassenheit bestimmten auch unser Tun und Handeln bei der Überführung des lieben Verstorbenen von Lucknow nach Allahabad am Gangesufer, wo die übliche Feuerbestattung stattfinden sollte. In Lucknow selbst waren die Straßen und Gassen von Tausenden angefüllt, die alle zum Haus des Verstorbenen drängten, wo Gandhi am Sarg die Wache hielt. Er begleitete den Trauerzug auch auf dem 250 Kilometer langen Wege zum Ganges. Der Mahatma fuhr im zweiten Wagen, ich selbst saß im dritten. Unterwegs gab es auf der Autostraße, die aber nicht viel mehr ist als ein Kamelweg, einen Unfall, der dem Mahatma fast das Leben gekostet hätte. Sein Wagen stürzte einen tiefen Abhang hinunter. Atemlos eilten wir der Stelle zu, stiegen aus und sahen uns nach ihm um. Doch da saß er ruhig am Abhang, anscheinend ganz unbewußt der großen Gefahr, der er entkommen war.

Endlich erreichten wir Allahabad. Auch hier drängten sich die Bewohner in den Straßen, um dieses Schauspiel der letzten Begegnung zweier großer Männer mitzuerleben. „Es lebe der Mahatma! Es lebe der Pandit", hörte man überall rufen. Es waren Rufe voll tiefer Bedeutung, denn auch heute noch lebt der alte Pandit Nehru in Indien fort, und ebenso lebt Gandhi für sein Volk weiter.

Ende

INHALTSVERZEICHNIS

Einleitung 7

I. Gandhis Leben 11

II. Harte Proben 49

III. Mahatma Gandhis Weltanschauung 69

IV. Gandhis Sein und Wesen 85

V. Persönliche Erlebnisse und Erinnerungen
von Pandita Raj Dulari Nehru 129